진짜!
독해의
기술

콩나물쌤이
꼭꼭 다져주는

단단한 문해력

③

서사원주니어

글을 잘 읽기 위해서는 독서량만큼이나 독해의 기술이 중요합니다. 단순히 많이 읽기에 앞서 어떻게 읽어야 하는지 알고 읽어야 한다는 말이지요. 자동차 수리 기술을 익혀야 자동차를 고칠 수 있는 것처럼 독해 기술을 익혀야 글을 잘 읽을 수 있습니다.

그런데 안타깝게도 대부분의 아이들은 글을 잘 읽는 기술이 없습니다. 그냥 글을 읽을 뿐 '어떻게' 읽어야 하는지 방법을 모르는 겁니다. 쉬운 글일 때는 독해의 기술이 없어도 크게 상관이 없어요. 특별한 기술이 없어도 이해가 되니까요. 문제는 글이 어려울 때입니다. 어려운 글일수록 적절한 독해 기술을 사용해야 잘 이해할 수 있어요. 그런데 많은 아이들이 이런 독해 기술이 없어서 어려움을 겪고 있습니다.

아이가 독해에 어려움을 겪을 때 여러분은 어떻게 하시나요? 올바로 글을 파악할 수 있는 기술을 가르쳐 주신 적이 있으신가요? 아마 거의 없을 겁니다. 대부분의 부모님과 선생님은 독해의 기술을 가르쳐 주지 않으세요. 그보다는 '이 글의 내용은 이러이러한 내용이야.'라고 그냥 글의 내용을 알려 주실 겁니다. 이는 아이들의 독해력 향상에 도움이 되기 어렵습니다.

아이들은 앞으로 수천, 수만 개의 글을 읽어야 합니다. 그리고 그 중에는 필연적으로 이해하지 못하는 글이 있을 거예요. 그때마다 매번 어떤 내용인지 알려 주실 수는 없습니다. 수능 시험장까지 따라가서 알려 주실 순 없잖아요. 아이의 문해력을 키우려면 이해 못하는 글의 내용을 자꾸 설명해 주면 안 돼요. 그보다 아이 스스로 이해할 수 있도록 독해의 기술을 알려 줘야 합니다. 그래야 아이가 학교에 가서도, 시험장에 가서도, 성인이 되어서도 자기 힘으로 글을 읽을 수 있습니다.

이 책은 읽기 전, 중, 후에 사용할 수 있는 10가지 유형의 독해 기술을 훈련시켜요. 단순히 문제를 풀리기만 하는 것이 아니라 다양한 독해 기술을 습득할 수 있도록 연습시키지요. 어떤 연습을 어떻게 시키는지는 이 책의 특징에서 조금 더 자세히 설명하겠습니다.

어린이여러분!

콩하~ 안녕 친구들, 저는 콩나물쌤입니다. 여러분의 문해력을 콩나물처럼 쑥쑥 키워 줄 거라서 콩나물쌤이랍니다.

여러분은 글을 읽을 때 이해를 잘하는 편인가요? 아마 어떤 글은 이해가 잘될 거고 또 어떤 글은 이해가 잘 안되겠지요. 그런데 이해가 잘 안될 때는 어떻게 하나요? 그냥 한숨만 쉬고 머리를 쥐어뜯지 않나요?

많은 친구들이 글을 이해하기 어려우면 그냥 포기해요. 하지만 원래 어려운 글은 이해하기도 어려운 법이에요. 사실 그건 어른들도 마찬가지랍니다. 어른이라고 모든 글을 잘 이해하는 건 아니거든요. 그러니 그냥 포기하면 안 되고 이해하기 위한 노력을 해야 해요.

어려운 글이 있으면 어떻게 해야 하냐고요? 바로 이해하기 위한 기술을 사용해야 해요. 멋지게 피아노 연주를 하고 멋진 슛을 쏘는 것처럼 글을 이해하는 데도 기술이 필요하답니다.

이렇게 글을 잘 이해하기 위한 기술을 독해 기술이라고 해요. 독해 기술을 익히면 어려웠던 글들도 잘 이해할 수 있어요. 단순히 읽고 그냥 '모르겠다' 하는 것이 아니라 이해하기 위한 방법을 쓰니까 이해가 되는 거예요.

이 책에서 여러분은 글을 더 잘 이해할 수 있는 다양한 독해 기술을 배울 거예요. 이 독해 기술을 모두 익힌다면 여러분이 이해하지 못할 글은 없어요. 어려운 글을 만나도 독해 기술을 하나씩 쓰면서 천천히 이해해 나가면 되니까요. 그날까지 콩나물쌤과 함께 열심히 연습해 봐요.

자, 독해 기술을 익힐 준비 되었나요? 그럼 지금 같이 출발해 봐요~ 콩하!!

이 책의 구성과 특징

이 책은 학생들이 다양한 독해 기술을 자연스럽게 익힐 수 있도록 구성되어 있어요.
그 특징을 하나씩 살펴보겠습니다.

시리즈 4권

이 책은 1권부터 4권까지 총 4권으로 구성되어 있어요. 1권에서 4권으로 갈수록 점차 난이도가 올라가요. 지문의 길이가 조금씩 길어지고 문제도 조금씩 어려워집니다. 그래서 점점 더 난이도를 올려가며 학습할 수 있게 구성되어 있어요. 또한 각 권에서 훈련하는 읽기 기술이 약간씩 달라집니다. 다양한 독해 기술을 빠트림 없이 익히기 위해 1권부터 시작해 4권까지 차례대로 학습하는 것을 권합니다.

한 권 30일

한 권은 30일 동안 할 수 있도록 구성되어 있어요. 하루도 빠짐없이 한다면 딱 한 달이면 끝낼 수 있는 분량이죠. 매일 할 수 있다면 가장 좋을 거예요. 하지만 읽기 수준에 따라 주 5회 혹은 주 3회 진행해도 좋아요. 다만 포기하지 말고 끝까지 해야 해요. 참고로 1권은 1~30번, 2권은 31~60번, 3권은 61~90번, 마지막 4권은 91~120번으로 이루어져 있어요.

하루 1개

하루의 학습 내용은 지문과 문제로 이루어져 있어요. 지문은 1개, 문제는 6개입니다. 다만 한 문제가 꽤 길 때는 문제가 5번까지만 있기도 해요.

3개 영역 6개 갈래

지문은 크게 3개 분야로 이루어져 있어요. 바로 인문·사회, 과학·기술, 예술·체육입니다. 인문·사회는 경제, 사회, 문화, 지리, 인물, 철학·도덕으로 구성되어 있습니다. 과학·기술은 물리, 생물, 화학, 지구과학, 환경, 기술로 구성되어 있어요. 예술·체육은 음악, 미술, 체육, 기타로 구성되어 있지요. 이 시리즈와 함께라면 매우 다양한 분야의 다양한 글을 읽을 수 있을 거예요.

또한 여러 갈래의 글을 만날 수 있습니다. 설명문, 논설문, 전기문, 기행문, 편지글, 실용문 등 교과서는 물론 일상생활에서 마주치게 되는 다양한 갈래의 지문을 읽어 보세요.

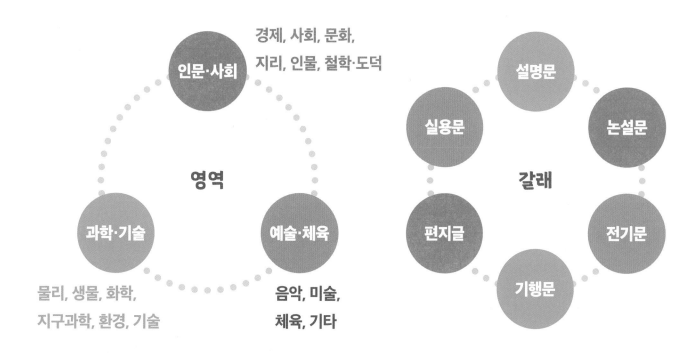

3단계 문제

문제는 크게 읽기 전, 읽기 중, 읽기 후의 3단계로 구성되어 있어요. 1번 문제는 읽기 전, 2번 문제는 읽기 중, 그리고 3~6번 문제는 읽기 후 단계예요. 문해력에 관한 연구를 보면 문해력이 좋은 사람은 그냥 글을 읽고 문제를 풀지 않아요. 읽기 전 그리고 읽는 중에 글을 더 잘 이해하기 위한 활동을 해요. 배경지식을 떠올리거나 필요한 부분에 표시를 하는 등의 활동을 합니다. 그래서 이 책에서는 읽기 후에 풀어야 하는 문제뿐 아니라 읽기 전과 읽기 중에 해야 하는 활동을 포함하고 있어요. 이를 계속해서 연습하다 보면 읽기 전과 읽기 중에 해야 하는 활동이 자연스럽게 몸에 배게 될 거예요.

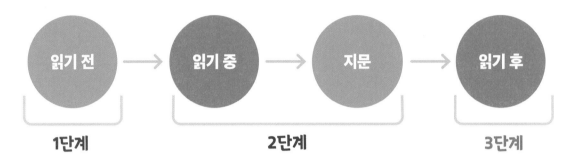

10가지 문제 유형

문제는 총 10가지 유형으로 구성되어 있어요. 유창성, 배경지식, 이해 전략, 어휘, 독해, 구조화, 그래픽 조직자, 질문, 사고력, 쓰기가 그것이에요. 크게 묶으면 10가지 유형이지만, 사실 그 아래에는 더 세부적인 유형이 있어요. 예를 들어 어휘라는 하나의 유형 안에 문맥 추론, 형태 추론, 어휘 확장, 어휘 학습, 단어 의식 등 다양한 종류의 문제가 있어요. 많은 독해 문제집이 몇 가지 유형의 문제를 계속 반복하는 것과 크게 차별화된 점이지요. 이 책만 꾸준히 학습해도 문해력에 필요한 모든 독해 기술들을 습득할 수 있습니다.

지문의 분야와 갈래

과학 기술 / 실용문

1단계

읽기 전
이해 전략

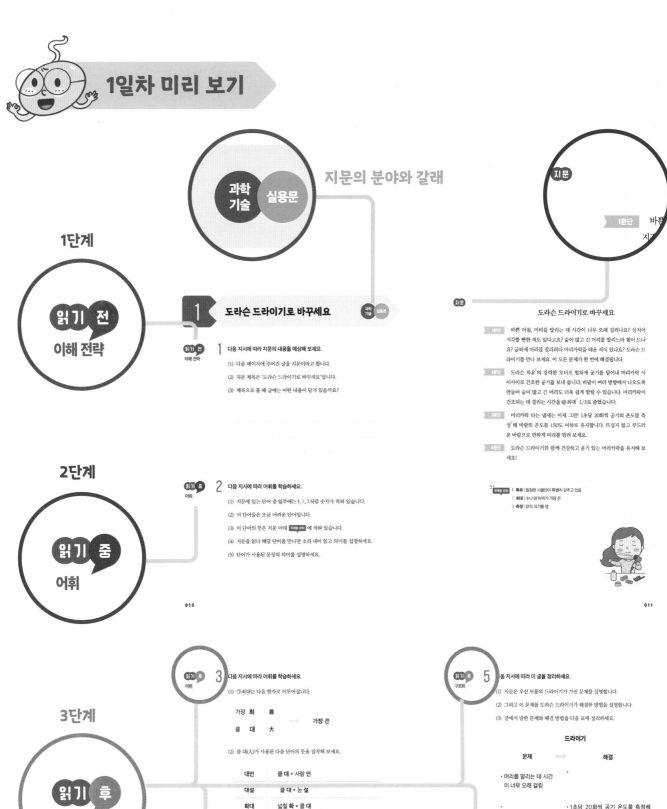

1 다음 지시에 따라 지문의 내용을 예상해 보세요.

(1) 다음 페이지에 주어진 글을 지문이라고 합니다.

(2) 지문 제목은 '도라슨 드라이기로 바꾸세요'입니다.

(3) 제목으로 볼 때 글에는 어떤 내용이 담겨 있을까요?

2단계

읽기 중
어휘

읽기 중 어휘

2 다음 지시에 따라 어휘를 학습하세요.

(1) 지문에 있는 단어 중 일부에는 1, 2, 3처럼 숫자가 적혀 있습니다.

(2) 이 단어들은 조금 어려운 단어입니다.

(3) 이 단어의 뜻은 지문 아래 주의할 어휘 에 적혀 있습니다.

(4) 지문을 읽다 해당 단어를 만나면 소리 내어 읽고 의미를 설명하세요.

(5) 단어가 사용된 문장의 의미를 설명하세요.

지문

1 도라슨 드라이기로 바꾸세요

읽기 전 이해 전략

도라슨 드라이기로 바꾸세요

1문단 바쁜 아침, 머리를 말리는 데 시간이 너무 오래 걸리나요? 심지어 지각할 뻔한 적도 있다고요? 숱이 많고 긴 머리를 말리느라 힘이 드나요? 급하게 머리를 말리려다 머리카락을 태운 적이 있나요? 도라슨 드라이기를 만나 보세요. 이 모든 문제가 한 번에 해결됩니다.

2문단 도라슨 특유[1]의 강력한 모터로 힘차게 공기를 밀어내 머리카락 사이사이로 건조한 공기를 보내 줍니다. 바람이 여러 방향에서 나오도록 만들어 숱이 많고 긴 머리도 더욱 쉽게 말릴 수 있습니다. 머리카락이 건조되는 데 걸리는 시간을 최대[2] 1/3로 줄였습니다.

3문단 머리카락 타는 냄새는 이제 그만! 1초당 20회씩 공기의 온도를 측정[3]해 바람의 온도를 150도 이하로 유지합니다. 뜨겁지 않고 부드러운 바람으로 편하게 머리를 말려 보세요.

4문단 도라슨 드라이기와 함께 건강하고 윤기 있는 머리카락을 유지해 보세요!

주의할 어휘 1 특유 | 일정한 사물만이 특별히 갖추고 있음
2 최대 | 수나 양 따위가 가장 큰
3 측정 | 양의 크기를 잼

3단계

읽기 후
독해

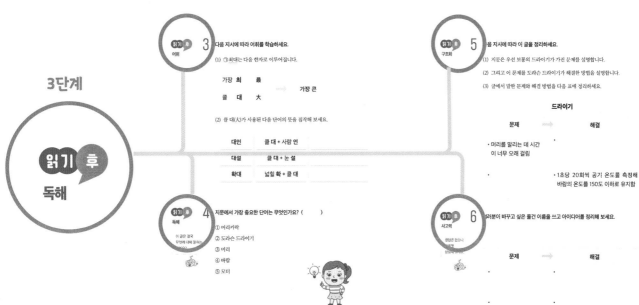

읽기 후 어휘

3 다음 지시에 따라 어휘를 학습하세요.

(1) ③최대는 다음 한자로 이루어집니다.

가장 **最** / 큰 **大** → 가장 큰
최 / 대

(2) 큰 대(大)가 사용된 다음 단어의 뜻을 짐작해 보세요.

대인	큰 대 + 사람 인
대설	큰 대 + 눈 설
확대	넓힐 확 + 큰 대

읽기 후 독해

4 지문에서 가장 중요한 단어는 무엇인가요? ( )

① 머리카락
② 도라슨 드라이기
③ 머리
④ 바람
⑤ 모터

읽기 후 구조화

5 다음 지시에 따라 이 글을 정리하세요.

(1) 지문은 우선 보통의 드라이기가 가진 문제를 설명합니다.

(2) 그리고 이 문제를 도라슨 드라이기가 해결한 방법을 설명합니다.

(3) 글에서 말한 문제와 해결 방법을 다음 표에 정리하세요.

드라이기

문제	→	해결
· 머리를 말리는 데 시간이 너무 오래 걸림		· 1초당 20회씩 공기 온도를 측정해 바람의 온도를 150도 이하로 유지함

읽기 후 사고력

6 여러분이 바꾸고 싶은 물건 이름을 쓰고 아이디어를 정리해 보세요.

문제	→	해결

차례 단단한 문해력 한 달 계획표

▶ **67일차, 68일차는 콩나물쌤의 강의 영상과 함께하세요.**

61 우주는 어떻게 탄생했을까?

1 우주와 관련하여 알고 있는 단어를 쓰세요.

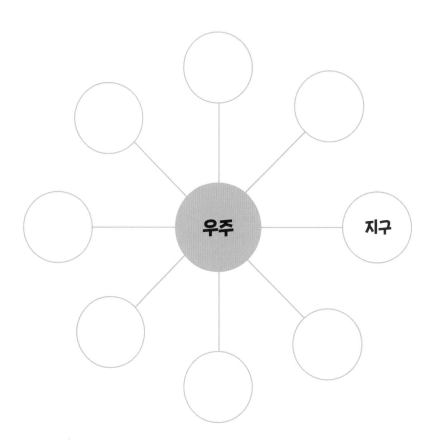

우주   지구

2 다음 지시에 따라 지문을 읽으세요.

(1) 글을 읽다 보면 순간 다른 생각을 할 때가 있습니다.

(2) 이럴 때는 스스로 딴 생각을 하고 있음을 빨리 알아차려야 합니다.

(3) 지문을 읽다 다른 생각이 들면 지문 오른쪽에 ✔ 표시를 하세요.

(4) 다 읽은 후 다른 생각을 몇 번 했고, 어떤 생각을 했는지 떠올려 보세요.

우주는 어떻게 탄생했을까?

1문단

사랑하는 조카, 민영이에게

안녕, 민영아. 그동안 잘 지냈니? 삼촌은 천문대[1]에서 잘 지내고 있어. 오늘은 네가 물어본 우주의 시작에 대해 이야기해 주려고 ㉠펜을 들었단다.

2문단

우주의 시작에 대해서는 여러 가지 이론이 있어. 그중 빅뱅이라고 불리는 대폭발에 의해 우주가 만들어졌다는 '빅뱅 이론'이 가장 널리 받아들여지고 있지. 빅뱅 이론에 따르면 138억 년 전, 알 수 없던 세계에서 대폭발이 일어났어. 이로 인해 우주는 풍선이 커지듯 팽창[2]해서 지금의 크기가 되었다고 해. 그 이후 팽창하는 속도는 점점 느려지고, 온도 역시 서서히 내려가고 있다는 거야.

3문단

그런데 우주가 팽창하고 있는지 어떻게 아냐고? 그건 우주의 모든 은하[3]들이 우리 은하로부터 멀어지고 있는 걸 보면 알 수 있지. 이해하기 쉽게 설명해 줄게. 풍선 1개와 끝이 부드러운 펜을 준비해 보렴. 그리고 풍선 여기저기에 펜으로 점을 찍어 봐. 그 다음 풍선에 바람을 불어 넣는 거야. 점들이 어떻게 되니? 서로 멀어지고 있지? 바로 그런 원리로 우주가 팽창하고 있다는 사실을 알게 된 거야.

주목할 어휘

1 **천문대** | 우주에서 일어나는 현상을 관측하고 연구하기 위한 시설

2 **팽창** | 부풀어서 부피가 커짐

3 **은하** | 별과 많은 우주 물질들이 중력으로 묶여 있는 거대한 천체

읽기 후

어휘

3 다음 지시에 따라 ㉠펜을 들었단다의 진짜 의미를 고르세요.

(1) 관용 표현은 원래의 뜻과는 다른 새로운 뜻으로 굳어진 표현입니다.

(2) 관용 표현을 만나면 글의 앞뒤 내용을 통해 그 뜻을 짐작해야 합니다.

(3) 다음 중 ㉠펜을 들었단다의 진짜 의미는 무엇일까요? (   )

   ① 편지를 쓴다.

   ② 펜을 치운다.

   ③ 펜을 버린다.

   ④ 펜을 샀다.

   ⑤ 편지를 받았다.

 읽기 후

그래픽 조직자

4 우주의 시작에 대한 내용을 정리해 보세요.

2문단을 다시 읽으
며 정리하세요.

.... 이론

↓

우주는 .... 에 의해 만들어졌다.

↓

우주는 .... 지금의 크기가 되었다.

5 그림을 참고하여 우주가 팽창하고 있다는 증거를 글로 설명해 보세요.

풍선에
점을 찍음

점들이
서로 멀어짐

6 다음 질문하는 방법을 참고하여 우주에 관한 질문을 쓰세요.

질문하는 방법에
맞게 4가지 질문을
하나씩 생각해 봐도
좋습니다.

질문하는 방법

① 원래 궁금했던 질문

② 글을 읽으면서 머릿속에 떠오른 질문

③ 글을 읽고 알게 된 내용이 답이 되는 질문

④ 질문하기 위해 다시 글을 읽고 만든 질문

 **62** # 국민의 권리와 의무

읽기 전
어휘

1 다음 지시에 따라 단어를 살펴보세요.

(1) 다음은 글에 나오는 어려운 단어입니다.

(2) 단어의 뜻을 알면 ○, 모르면 X로 표시하세요.

(3) 모르지만 알 것 같으면 △로 표시하세요.

권리	자격	자유	평등
성별	종교	지역	신분
차별	사회	청구	참정
의무	국방	납세	세금
근로	보전	터전	환경

읽기 중
이해 전략

2 다음 지시에 따라 표시하며 지문을 읽으세요.

(1) 지문에는 첫째, 둘째, 셋째처럼 순서를 나타내는 말이 나옵니다.

(2) 이런 말은 표시해 두면 내용을 정리할 때 편리합니다.

(3) 순서를 나타내는 말이 나오면 ○로 표시하세요.

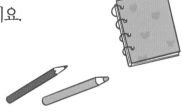

국민의 권리와 의무

1문단 모든 국민은 권리를 가집니다. 권리는 어떤 일을 하거나 당연히 요구할 수 있는 자격을 뜻해요. 우리 국민이 가지는 권리는 다음과 같습니다.

2문단 첫째, 자유권은 간섭받지 않고, 자신의 생각과 행동을 펼칠 수 있는 권리예요. 둘째, 평등권은 성별, 종교, 지역, 신분 등 어떤 것으로도 차별받지 않을 권리입니다. 셋째, 사회권은 교육을 받거나 건강한 생활을 누리는 등 사람답게 살 수 있는 권리를 말해요. 넷째, 청구[1]권은 국민이 나라에 어떤 일을 해 달라고 요구할 수 있는 권리이지요. 다섯째 참정[2]권은 정치에 참여할 수 있는 권리랍니다.

3문단 요구할 수 있는 권리가 있다면 반대로 반드시 지켜야 하는 의무도 있어요. 의무는 사람으로서 마땅히 해야 할 일을 뜻해요. 우리 국민이 지켜야 하는 의무는 다음과 같습니다.

4문단 첫째, 국방[3]의 의무는 나라를 지켜야 하는 의무예요. 둘째, 납세의 의무는 나라를 운영하는 데 필요한 세금을 성실하게 내야 하는 의무입니다. 셋째, 교육의 의무는 정해진 수준까지는 반드시 교육을 받아야 하는 의무예요. 넷째, 근로의 의무는 자신과 나라를 위해 일을 할 의무를 말합니다. 다섯째, 환경 보전의 의무는 우리와 우리 후손이 살아갈 터전인 환경을 깨끗하게 보호할 의무랍니다.

주목할 어휘 **1 청구** | 상대편에게 일정한 행위를 요구하는 일
2 참정 | 정치에 참여함
3 국방 | 외국의 침략에 대비 태세를 갖추고 국토를 방위하는 일

읽기 후

그래픽 조직자

3 지문의 내용을 다음 표에 정리하세요.

○표 한 부분을 중심
으로 찾아 보세요.

국민의 권리	국민의 의무
• 자유권	• 국방의 의무

읽기 후

사고력

4 다음은 어떤 권리에 해당하는지 쓰세요.

	내용	권리
1	억울하면 재판을 받게 해 달라고 요구할 수 있다.	
2	남자 혹은 여자라는 이유로 차별받지 않는다.	
3	투표를 통해 대통령을 내 손으로 뽑을 수 있다.	
4	건강한 생활을 누릴 수 있어야 한다.	
5	내 생각을 자유롭게 말할 수 있다.	

5 다음은 무슨 의무에 해당하는지 쓰세요.

	내용	의무
1	돈을 벌면, 그중 일부는 나라에 내야 한다.	
2	쓰레기는 재활용할 수 있게 분리수거를 해야 한다.	
3	초등학교는 반드시 다녀야 한다.	
4	남자는 성인이 되면 군대를 가야 한다.	
5	성인이 되면, 자신의 적성에 맞는 일을 해야 한다.	

6 여러 의무 중 가장 중요한 의무는 무엇이라고 생각하나요?

정답은 없습니다.
여러분의 생각을
자유롭게 쓰세요.

나는 .... 이 가장 중요한 의무라고 생각한다.

왜냐하면 ....

....

....

바코드와 큐알 코드

읽기 전
배경지식

주변에 있는 물건이
나 마트에서 물건을
살 때를 떠올려
보세요.

1 다음 지시에 따라 글을 써 보세요.

바코드

큐알 코드

(1) 위와 같은 그림을 본 적이 있나요?

(2) 어디서 보았는지, 그리고 어떻게 사용하는지 설명해 보세요.

읽기 중
이해 전략

2 다음 지시에 따라 지문을 읽어 보세요.

(1) 중요한 내용에 표시하면서 읽으면, 읽은 후에 정리하기 좋습니다.

(2) 1문단과 2문단에서 가장 중요한 단어를 찾아 [   ] 하세요.

(3) 위에서 표시한 단어와 관련된 중요한 정보에 밑줄 그으세요.

바코드와 큐알 코드

1문단 마트에서 물건을 살 때 점원이 붉은 빛이 나오는 기계로 물건을 확인하는 모습을 볼 수 있습니다. 상품명과 가격을 확인하기 위해 광학 스캐너[1]로 물건의 바코드를 찍는 건데요. 바코드는 말 그대로 바(막대기)로 된 코드로, 굵기가 다른 흑백 막대를 조합해서 상품의 정보를 담아 둔 표기입니다. 광학 스캐너로 이 바코드를 찍으면 물건의 생산국, 제조 업체, 상품 종류, 유통[2] 경로[3], 가격 등의 정보를 모두 알 수 있지요. 도서관의 책에 찍힌 바코드 역시 책에 대한 정보를 담아 책을 관리하기 쉽게 한 것이랍니다.

2문단 최근에는 바코드에서 좀 더 발전한 큐알 코드가 등장했어요. 큐알 코드는 바코드와 달리 가로로만 정보를 배열하지 않고, 가로와 세로 두 방향으로 정보를 늘어놓았습니다. 크기는 작지만 숫자는 7,000여 개, 문자는 4,300여 개를 담을 수 있어서 기존의 바코드보다 담을 수 있는 정보가 100배 정도 많아요. 덕분에 인터넷 주소나 사진, 동영상 정보도 담을 수 있어요. 또한 큐알 코드는 별도의 광학 스캐너 없이 스마트폰으로 쉽게 읽을 수 있어서 더 널리 사용되고 있어요.

주목할 어휘 **1 광학 스캐너** | 빛을 이용하여 정보를 읽는 기계
2 유통 | 생산자가 상품을 만들고, 소비자에게 도달하기까지의 과정
3 경로 | 지나는 길

3 다음 예시를 보고 주어진 단어의 뜻을 쓰세요.

생산   국   생산국

물건을 만들어 냄   +   나라   =   물건을 만들어 낸 나라

강대   국   강대국

크고 강함   +   나라   =

선진   국   선진국

어떤 분야에서 앞섬   +   나라   =

4 다음 지시에 따라 바코드에 대한 정보를 정리하세요.

(1) 바코드에 대해 설명하고 있는 문단을 찾으세요. (   )문단

(2) 바코드로 확인할 수 있는 정보를 찾아 ①, ②, ③으로 번호를 매기세요.

(3) 다음 중 바코드로 확인할 수 있는 정보가 아닌 것을 고르세요. (   )

① 상품 종류
② 동영상 정보
③ 제조 업체
④ 가격
⑤ 물건의 생산국

5 바코드와 큐알 코드의 공통점과 차이점을 쓰세요.

 쓸 공간이 부족하다
면 다른 곳에 써도
좋습니다.

공통점

바코드   큐알 코드

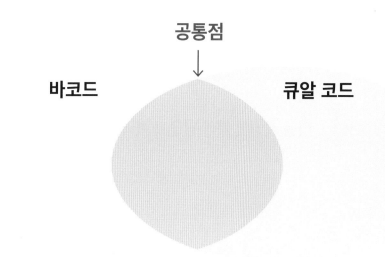

읽기 후

쓰기

6 다음 지시에 따라 큐알 코드를 살펴보세요.

(1) 다음 그림을 봅니다.

바코드   큐알 코드

(2) 다음 설명을 읽어 봅니다.

> 큐알 코드는 바코드와 달리 가로로만 정보를 배열하지 않고, 가로와
> 세로 두 방향으로 정보를 늘어놓았습니다.

(3) (1)번을 참고해 (2)번의 설명이 무슨 의미인지 글로 쓰세요.

....

....

읽기 전
배경지식

1 다음 지시에 따라 남극과 북극에 대해 생각해 보세요.

(1) 다음 지구본에서 남극과 북극의 위치를 찾아
표시해 보세요.

(2) 남극과 북극에 대해 여러분이 아는 것을 쓰세요.

- ....

....

읽기 중
유창성

2 다음 지시에 따라 지문을 읽어 보세요.

(1) 자신이 어떻게 글을 읽는지 알면 읽기 실력이 빠르게 성장합니다.

부족한 부분은 다시
한번 읽어 보세요.

(2) 스마트폰이나 녹음기를 준비해 녹음합니다.

(3) 지문을 소리 내어 읽은 후 들어 봅니다.

(4) 자신의 읽기를 평가해 보세요.

기준	부족	보통	잘함
말하는 속도로 편안하게 읽었다.			
더듬거리지 않고 자연스럽게 읽었다.			
별로 틀리지 않고 매끄럽게 읽었다.			

남극과 북극

1문단 지구본[1]의 맨 위에는 북극이 있습니다. 이곳에는 온몸이 새하얀 북극곰이 살지요. 반대로 지구본의 맨 아래에는 남극이 있습니다. 이곳에는 남극의 신사라 불리는 펭귄이 살아요. 남극과 북극 모두 지구의 끝부분에 있어 지구에서 가장 추운 곳이랍니다.

2문단 남극은 평균[2] 2,000미터가 넘는 두께의 얼음으로 덮여 있어요. 남극 전체의 98%가 얼음인데, 세계 얼음의 무려 75%가 남극에 있다고 합니다. 거대한 빙산과도 같은 남극의 평균 기온은 영하 55도에 달해요. 일 년 내내 얼음과 눈으로 덮여 있어서 이곳에는 동식물이 거의 존재하지 않아요. 원주민[3]은 없고 남극을 연구하러 찾은 대원들과 펭귄, 고래, 바다표범 등 추위에 적응한 소수의 동물들만 살아가는 곳이에요.

3문단 북극에 속하는 알래스카에는 이뉴이트라는 원주민이 살고 있어요. 이를 통해서 알 수 있겠지만 북극은 남극에 비해 ㉠　　　　　　　　.
실제로 북극의 평균 기온은 영하 35~40도쯤으로, 남극보다는 15~20도쯤 높아요. 하지만 추워서 농작물을 기를 수 없는 것은 마찬가지랍니다. 그래서 이뉴이트족은 물고기나 순록을 사냥해서 먹고 살지요. 북극이 남극보다 덜 추운 이유는 남극은 얼음이 많아 햇빛을 반사하지만, 북극은 바다가 많아 햇빛을 흡수하기 때문입니다.

주목할 어휘
1 **지구본** | 지구를 본떠 만든 모형
2 **평균** | 여러 수나 양의 중간값을 갖는 수
3 **원주민** | 그 지역에 본디부터 살고 있는 사람들

읽기 후

이해 전략

이렇게 표시해 두면
정보가 한눈에 들어
와 좋습니다.

3 다음 지시에 따라 남극의 특징을 정리하여 봅시다.

(1) 남극의 특징을 설명하고 있는 문단을 찾으세요. (   )문단

(2) 다시 한번 천천히 읽으면서 남극의 특징을 찾습니다.

(3) 특징을 찾았으면 밑줄을 그으세요.

(4) ①, ②, ③ 등으로 표시하여 번호를 매깁니다.

읽기 후

이해 전략

4 다음 지시에 따라 남극이 북극보다 추운 이유를 그림으로 표현하세요.

(1) 지문에서 남극이 북극보다 추운 이유를 찾아 밑줄 그으세요.

(2) 다음 그림에 햇빛이 어떻게 되는지 선으로 표현하세요.

남극   북극

5 다음 대화를 읽으며 내용에 맞게 빈칸을 완성하세요.

북극에 속하는 알래스카에는 이뉴이트라는 원주민이 살고 있어요. 이를 통해서 알 수 있겠지만 북극은 남극에 비해 ㉠   .
실제로 북극의 평균 기온은 영하 35~40도쯤으로, 남극보다는 15~20도쯤 높아요.

🙂 3문단 ㉠에 들어갈 내용은 무엇일까요?

🙂 잘 모르겠어요. 어떻게 찾아야 할까요?

🙂 비어 있는 내용이 무엇인지 찾기 위해서는 앞뒤 내용을 잘 살펴봐야 해요. '이를 통해서 알 수 있겠지만'에서 '이'는 무엇을 가리킬까요?

🙂 이뉴이트라는 원주민이 살고 있다는 사실을 말하는 것 같아요.

🙂 맞아요. 그러면 북극에 이뉴이트라는 원주민이 살고 있다는 사실을 통해서 무엇을 알 수 있을까요?

🙂 음….

🙂 2문단에서 남극은 일 년 내내 얼음과 눈으로 덮여 있어서 동식물이 거의 존재하지 않는다고 했어요. 원주민도 없고요.

🙂 아, 그러면 ㉠에 들어갈 말은 북극이 남극보다 ❶   인 것 같아요.

🙂 왜 그렇게 생각하죠?

🙂 왜냐하면 ❷   .

🙂 좋아요. 그러면 그 생각이 맞는지 그 다음 문장을 읽어 보세요.

🙂 북극의 평균 기온은 영하 35~40도쯤으로 남극보다는 15~20도쯤 높아요.

🙂 앞에서 한 생각과 일치하나요?

🙂 네, 일치해요.

🙂 잘했어요. 바로 그렇게 빈 내용을 짐작하는 거예요.

올림픽은 어떻게 시작됐을까?

 읽기 전
배경지식

1 다음 중 올림픽의 상징으로 올바른 것을 고르세요.

 ❶ ❷ ❸ ❹

 읽기 중
질문

2 다음을 참고하여 문장 하나마다 질문을 하나씩 하며 지문을 읽으세요.

보기처럼 문장 안에서 단어를 하나 골라 질문해 보세요.

문장 ❶올림픽은 ❷옛날 그리스에서 ❸신을 기리기 위해 열었던 ❹달리기 대회에서 시작되었어요.

⬇

질문1 ❶올림픽은 무엇일까?

질문2 ❷옛날 그리스가 있으면 지금 그리스도 있을까?

질문3 ❸신을 기리기 위해가 무슨 말일까?

질문4 신을 기리는데 왜 ❹달리기 대회를 했을까?

올림픽은 어떻게 시작됐을까?

1문단 올림픽은 옛날 그리스에서 신을 기리기[1] 위해 열었던 달리기 대회에서 시작되었어요. 4년에 한 번씩 그리스의 여러 도시들이 모여 달리기나 레슬링 실력을 겨루었어요. 하지만 그리스가 다른 나라의 지배를 받게 된 후 없어졌어요.

2문단 그러다가 프랑스 교육가 쿠베르탱의 노력으로 1896년 올림픽이 다시 열리게 되었어요. 근대[2] 올림픽이 시작된 거지요. 그리스 아테네에서 열린 제1회 올림픽 경기 대회는 규모[3]가 매우 작았어요. 참가한 나라는 14개국뿐이었고, 참가 선수도 241명뿐이었어요. 하지만 1908년 런던 대회에는 22개국에서 2,000명 정도의 선수들이 참가했고 1912년에는 모든 대륙의 국가들이 참가했어요.

3문단 그 뒤 올림픽은 전쟁 기간을 제외하면 4년에 한 번씩 꾸준히 열렸어요. 처음에는 여름에 개최하는 ㉠하계 올림픽만 열리다가 나중에는 겨울에 개최하는 ㉡동계 올림픽이 따로 열렸어요. 또 장애인이 참가하는 패럴림픽도 생겼어요. 종목도 많이 늘어났지요. 아주 작은 규모로 시작되었던 올림픽은 오늘날 200개 이상의 나라, 만 명이 넘는 선수가 참여하는 세계적인 스포츠 축제가 되었어요.

주목할 어휘
1 기리다 | 뛰어난 업적이나 위대한 사람 따위를 칭찬하고 기억함
2 근대 | 역사에서 시대 구분 중 하나로 대개 15세기부터 20세기 초중반까지를 뜻함
3 규모 | 사물이나 현상의 크기나 범위

3 **다음 지시에 따라 ㉠하계와 ㉡동계의 뜻을 추측해 보세요.**

(1) 3문단에는 ㉠하계와 ㉡동계의 뜻을 짐작할 수 있는 힌트가 있습니다.

(2) 힌트를 찾아 밑줄을 그으세요.

(3) 힌트를 이용하여 여러분이 생각하는 ㉠하계와 ㉡동계의 뜻을 쓰세요.

하계: ....

동계: ....

4 **다음 지시에 따라 문제를 해결하세요.**

(1) 다음 중 올림픽에 대한 설명이 <u>아닌</u> 것을 고르세요. (   )

① 올림픽은 신을 기리기 위해 시작되었다.

② 올림픽은 전 세계가 참여하는 세계적인 스포츠 축제이다.

③ 제1회 올림픽은 규모가 작았다.

④ 올림픽은 아주 오래전부터 있었다.

⑤ 올림픽은 한 번도 빠짐없이 4년마다 꾸준히 열렸다.

(2) 위에서 고른 문장을 올바르게 고쳐 쓰세요.

....

....

읽기 후
그래픽 조직자

5 올림픽의 변화를 다음 표에 정리하세요.

옛날 그리스에서 ....

⬇

하지만 그리스가 ....

⬇

프랑스 교육가 ....

⬇

제1회 대회는 ....

⬇

현재는 ....

....

읽기 후
쓰기

6 올림픽에서 본 가장 인상 깊은 장면을 친구에게 설명해 보세요.

....

....

....

....

....

공룡 뼈의 나이를 알아내는 법

과학 기술 / 설명문

읽기 전
배경지식

1 다음의 나이는 각각 어떻게 알 수 있을지 생각해 쓰세요.

	나이를 알아내는 법
사람	
라면	
나무	
공룡 뼈	

읽기 중
이해 전략

2 다음 지시에 따라 지문을 읽어 보세요.

(1) 이번 지문에는 어려운 단어가 여럿 있습니다.

(2) 어려운 단어가 있을 때는 그 단어에 관심을 가져야 합니다.

(3) 연필을 들고 지문을 읽습니다.

(4) 어려운 단어가 나오면 ○표 하세요.

(5) 표시한 단어의 뜻을 짐작해 보세요.

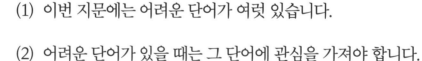
글을 읽을 때는 늘 이렇게 모르는 단어에 관심을 가져야 합니다.

공룡 뼈의 나이를 알아내는 법

1문단 박물관에는 공룡 뼈처럼 오래된 물건이 전시[1]되어 있습니다. 동시에 그 전시물이 대략 어느 시대에 생겼는지도 알려 주지요. 공룡 뼈에 언제 만들어졌는지 적혀 있는 것도 아닌데, 어떻게 그 시기를 알 수 있는 것일까요?

2문단 오래전의 물건이 언제 생겼는지 알 수 있는 것은 탄소연대측정법 덕분입니다. 공기 중에는 탄소라는 기체[2]가 있어요. 탄소에는 세 종류가 있는데 바로 C12, C13, C14입니다. 이 세 종류의 탄소는 공기로 호흡하는 모든 동식물에 완전히 똑같은 비율로 들어 있어요.

3문단 하지만 동식물이 죽고 나면 그 양이 변하기 시작합니다. 사실 C12와 C13의 양은 변하지 않아요. 아무리 오랜 시간이 지나도요. 변하는 것은 C14입니다. C14는 시간이 흐르면서 일정한 속도로 아주 조금씩 그 양이 줄어듭니다.

4문단 그래서 남아 있는 C12, C13, C14의 양을 비교하면 그 동식물이 죽은 시기를 알아낼 수 있어요. 그래서 이 방법은 원래 살아 있었던 동물이나 사람의 뼈 그리고 나무로 만든 유물[3] 등의 나이를 알아내는 데 주로 사용됩니다.

주목할 어휘
1 **전시** | 여러 가지 물품을 한곳에 벌여 놓고 보임
2 **기체** | 고체나 액체가 아닌 물질의 상태 중 하나
3 **유물** | 옛 사람들이 남긴 물건

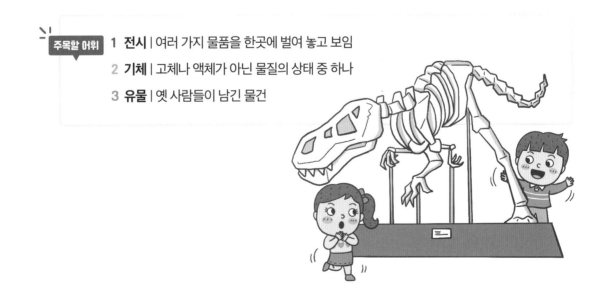

읽기 후
어휘

3 다음 지시에 따라 단어의 뜻을 알아내는 방법을 확인하세요.

(1) 모르는 단어의 뜻을 알아낼 수 있는 방법은 다음과 같습니다.

(2) 지문에서 표시했던 단어의 뜻을 어떻게 알아낼지 골라 해당하는 칸에 쓰세요.

방법	단어
① 글의 내용을 통해 어떤 뜻인지 짐작해 본다.	비율
② 글자를 잘라서 나누어 생각해 본다.	
③ 글 안에서 설명하고 있는지 찾아본다.	
④ 글 아래에 설명이 있는지 찾아본다.	
⑤ 사전 혹은 인터넷에서 찾아본다.	
⑥ 뜻을 봐도 어렵다면 어른에게 물어본다.	

 읽기 후
그래픽 조직자

4 탄소연대측정법이 무엇인지 정리하여 봅시다.

탄소연대측정법

↓

공기 중에 탄소가 있음

↓

탄소에는 .... **가 있음**

↓

.... 은 시간이 지나도 　　　C14는 ....

줄어들지 않음 　　　　　　　　　　　 ....

↓

남아있는 C12, C13, C14의 양을 .... 하여 나이를 측정함

읽기 후
독해

4문단을 다시 읽어
보세요.

5 **다음 중 탄소연대측정법으로 나이를 측정할 수 없는 것을 고르세요. (　　　)**

① 나무 손잡이의 도끼　　　　　② 사람의 뼈

③ 조개껍질 화석　　　　　　　　④ 건물의 창문

⑤ 공룡의 뼈

읽기 후
사고력

정답을 몰라도
스스로 생각해 보는
것이 중요한 공부가
됩니다.

6 **다음 지시에 따라 여러분의 생각을 쓰세요.**

(1) 이 글을 읽으면서 생긴 여러분의 질문을 쓰세요.

　•

(2) 위 질문 중 하나를 골라 여러분이 생각하는 답을 쓰세요.

더 이상 뚜렷하지 않은 사계절

콩나물쌤의 강의 영상

인문 사회 설명문

1 다음 지시에 따라 질문에 답하세요.

(1) 제목으로 볼 때 작가는 무엇을 말하려고 하는 걸까요?

(2) 작가는 왜 이런 이야기를 하는 걸까요?

(3) 작가는 무슨 목적을 가지고 있을까요?

....

....

....

....

읽기 중
독해

문단을 모두 읽은 후
자연스러운 순서대
로 놓아보세요.

2 다음 지시에 따라 지문을 순서대로 정리해 보세요.

(1) 이번 지문의 문단은 순서가 섞여 있습니다.

(2) 가장 먼저 와야 하는 지문은 무엇일까요? _____번 문단

(3) 두 번째로 와야 하는 지문은 무엇일까요? _____번 문단

(4) 세 번째로 와야 하는 지문은 무엇일까요? _____번 문단

(5) 마지막으로 와야 하는 지문은 무엇일까요? _____번 문단

더 이상 뚜렷하지 않은 사계절

1번 문단   기후란 어떤 지역에서 오랜 기간 되풀이되는 평균적인 날씨를 말해요. 한 지역의 기온, 강수량, 습도, 바람 등을 여러 해 동안 조사한 결과지요. 하루하루 변하는 날씨와 달리 기후는 오랜 기간 지속된 결과이기 때문에 변하지 않는 것이 정상이에요.

2번 문단   기후가 변하는 이유는 크게 자연적인 요인과 ㉠인위적인 요인으로 나눌 수 있어요. 사람이 어쩔 수 없는 자연적인 요인에는 태양 활동, 화산활동, 해양 변동[1], 지각 변동, 극의 이동 등이 있어요. 반면 인위적 요인은 사람으로 인해 발생했기 때문에 우리가 막거나 줄일 수 있어요. 인위적 요인에는 온실가스 배출과 도시화로 인한 숲의 파괴 등이 있지요.

3번 문단   그런데 이런 기후가 점점 변하고 있어요. 우리나라는 원래 사계절이 뚜렷한 온대기후[2]인데, 최근에는 여름이 매우 덥고 습한 아열대기후로 바뀌고 있어요. 이에 따라 우리나라에서 많이 기르던 사과, 배 등의 과일을 기를 수 있는 면적[3]이 점점 줄어들고 있지요. 반대로 ㉡

.

4번 문단   공상과학영화를 보면 기후변화로 인해 큰 자연재해가 일어나는 이야기를 볼 수 있어요. 지구 전체가 얼어붙어 사람이 살 수 없게 되거나 쓰나미가 도시를 덮쳐 수많은 사람들이 희생당하기도 하지요. 이런 일을 실제로 마주치지 않기 위해서는 기후변화에 대해 살펴보고 미리 대비해야 해요.

주목할 어휘   1 **변동** | 바뀌어 달라짐
2 **온대기후** | 사계절의 변화가 뚜렷한 기후
3 **면적** | 어떤 평면 공간의 크기

3 다음 지시에 따라 어휘의 뜻을 짐작해 보세요.

(1) 2번 문단의 ㉠인위적의 뜻이 무엇인지 생각해 봅시다.

(2) 다음 두 문장을 통해 그 뜻을 짐작해 보세요.

> ① 기후가 변하는 이유는 크게 자연적인 요인과 인위적인 요인으로 나눌 수 있어요.
>
> ② 인위적 요인은 사람으로 인해 발생했기 때문에 우리가 막거나 줄일 수 있어요.

(3) ㉠인위적의 뜻은 무엇이라고 생각하나요?

....

4 다음 지시에 따라 ㉡에 들어갈 문장을 쓰세요.

(1) 다음 내용을 다시 한번 읽어 보세요.

> 이에 따라 우리나라에서 많이 기르던 사과, 배 등의 과일을 기를 수 있는 면적이 점점 줄어들고 있어요. 반대로 ㉡ ....
> ....

'반대로'라고 했으니 앞의 문장과 반대되는 단어들을 찾아 보세요.

(2) 다음 중 ㉡에 들어갈 수 있는 단어를 골라 ○표 하세요.

바나나, 아이스크림, 면적, 과자, 지역, 아열대, 망고, 냉장고

(3) 위에서 고른 단어를 사용해 문장을 쓰세요.

....

5 **다음 지시에 따라 중요한 단어를 뽑아 보세요.**

(1) 중요한 단어는 굵은 글씨로 써져 있는 경우가 있습니다.

(2) 지문에서 어떤 단어가 중요하다고 생각하나요?

(3) 문단별로 1~2개를 골라 보세요.

(4) 고른 단어에 ○표 하거나 형광펜으로 표시해 보세요.

6 **다음 중 기후 변화의 원인이 <u>아닌</u> 것을 고르세요. (   )**

기후 변화의 원인이
아닌 결과를 찾아보
세요.

① 갑작스러운 화산 폭발

② 평균 기온의 상승

③ 산업화로 인한 자동차 배기 가스

④ 아마존 밀림의 파괴

⑤ 태양 에너지의 변화

 **조선의 해시계, 앙부일구**

콩나물쌤의 강의 영상 / 과학기술 / 실용문

 읽기 전 배경지식

1 다음 지식을 여러분이 얼마나 알고 있는지 스스로 평가해 보세요.

설명할 수 있습니다를 골랐다면 실제로 설명해 보세요.

	전혀 모릅니다	들어본 적 있습니다	설명할 수 있습니다
조선			
해시계			
앙부일구			

 읽기 중 유창성

2 다음 지시에 따라 지문을 읽어 보세요.

부모님이 아닌 형제자매나 친구가 해 주어도 좋습니다.

(1) 부모님의 도움을 받을 수 있도록 부모님과 함께 합니다.

(2) 143쪽을 가위로 잘라 부모님이 가집니다.

(3) 여러분은 소리 내어 지문을 읽습니다.

(4) 부모님은 여러분이 틀리게 읽은 부분을 체크합니다.

(5) 틀린 문장을 확인 후 다시 한번 읽어 봅니다.

조선의 해시계, 앙부일구

1문단 앙부일구는 조선 세종 16년(1434)에 장영실, 이천, 김조 등이 만든 해시계예요. 세종은 앙부일구가 완성되자마자 종로의 혜정교와 종묘 앞에 설치[1]해서 많은 사람이 볼 수 있도록 했어요. 당시 농사를 짓는 일반 백성에게는 1년 중 태양의 움직임을 알려 주는 춘분, 청명 등의 절기[2]가 매우 중요했어요. 하지만 대부분의 백성이 한자를 잘 몰랐지요. 세종은 이런 점을 잘 알고 있었어요. 그래서 시간과 함께 절기를 알 수 있는 절기선을 넣고, 눈금 위에 각 시를 ㉠상징[3]하는 동물 모양을 그려 넣어 글을 모르는 사람도 쉽게 시간을 알 수 있도록 했어요.

2문단 ## 앙부일구 읽는 법

1. 영침의 그림자가 닿는 곳을 보고 가로줄인 절기선을 따라가요. 여름에는 왼쪽의 절기선을, 겨울에는 오른쪽의 절기선을 읽으면 당시의 절기가 무엇인지 알 수 있어요.

2. 영침의 그림자가 닿는 곳을 보고 세로줄인 시각선을 따라가요. 시각선마다 12간지가 표시되어 있어요. 시각선과 시각선 사이에는 8개의 선이 그어져 있는데, 이 선 하나가 15분을 뜻해요. 예를 들어, 영침의 끝이 신시 3각에 닿아 있다면 몇시일까요? 신시는 3시, 3각은 15분이 3번 지나간 것이니 45분, 즉 3시 45분이 되는 거예요.

주목할 어휘 1 **설치** | 어떤 시설을 사용할 수 있도록 마련해 둠
2 **절기** | 한 해를 스물넷으로 나누어 계절의 표준이 되는 것
3 **상징** | 눈에 보이지 않는 것을 눈에 보이도록 대신 나타내 주는 것

3 다음 표를 완성하며 ㉠상징에 대해 학습해 보세요.

정의는 사전을 찾아
보세요.

정의

상징은 무슨 뜻인가요?

특징

상징은 어떤 특징이 있나요?

무언가를 대표한다.
보면 다른 무언가가
떠오른다.

상징

예시

상징의 예를 들어 보세요.

평화의 상징은 비둘기
사랑의 상징은 ....
승리의 상징은 ....

예가 아닌 것

상징이 아닌 예를 들어 보세요.

물은 뜨거움의 상징이 아니다.
불은 .... 의 상징이
아니다.
칼은 .... 의 상징이
아니다.

4 다음 앙부일구에 대한 설명 중 빈칸에 알맞은 답을 쓰세요.

앙부일구는 조선시대에 발명된 ❶□□□□입니다. ❷□□의 ❸□
□□가 닿는 곳을 보고 시간을 알 수 있었지요. ❹□을 모르는 사람도
쉽게 시간을 알 수 있도록 선과 그림으로 나타냈어요.

❶ ....

❷ ....

❸ ....

❹ ....

읽기 후
독해

5 다음의 이름을 2문단에서 찾아 쓰세요.

그림과 비교하며
2문단을 읽으세요.

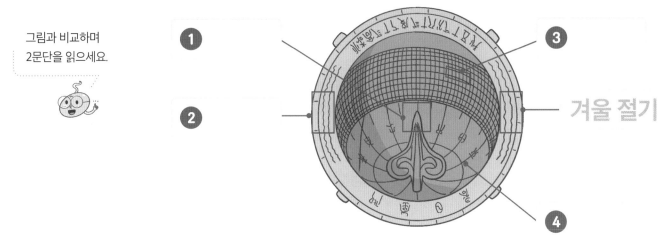

① ② ③ ④

겨울 절기

읽기 후
그래픽 조직자

6 앙부일구의 장점, 단점, 흥미로운 점에 대해 쓰세요.

장점	단점	흥미로운 점

화폐는 돌고 돌아요

 읽기 전
그래픽 조직자

1 돈에 대해 여러분이 알고 있는 것과 알고 싶은 것을 쓰세요.

내가 알고 있는 것	알고 싶은 것
•	•

읽기 중
이해 전략

모르는 단어는 다양한
방법으로 그 뜻을
추측해 보세요.

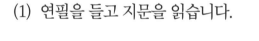

2 다음 지시에 따라 지문을 읽어 보세요.

(1) 연필을 들고 지문을 읽습니다.

(2) 모르는 단어가 나오면 ―를 표시하세요.

(3) 모르는 단어지만 알 것 같으면 +를 표시합니다.

(4) 글을 읽다가 의미를 알게 되면 ○표 하세요.

화폐는 돌고 돌아요

1문단   우리는 물건을 살 때 돈을 냅니다. 요즘은 신용카드도 많이 이용하지만 동전과 종이돈도 여전히 널리 사용되고 있어요. 이런 동전과 종이돈을 화폐라고 하는데요. 화폐는 어떻게 만들어져서 어떻게 사용될까요?

2문단   화폐를 만들고 나누는 일은 우리나라 정부[1]에서 직접 해요. 먼저 필요한 화폐의 양을 한국은행에서 예상해서 알려 줘요. 그러면 한국조폐공사에서 필요한 양만큼 만들어 내지요. 화폐는 아무 곳에서나 만들 수 없으며 오직 한국조폐공사에서만 만들 수 있어요. 만들어진 화폐는 한국은행으로 보내져요. 한국은행은 받은 화폐를 정부나 일반 은행에 빌려주고, 남은 화폐는 금고에 보관해요. 훼손[2]되어 못쓰게 된 화폐를 없애기도 하지요.

3문단   일반 은행에서는 한국은행에서 빌려온 화폐를 사람들에게 다시 빌려주어요. 물론 그냥 빌려주는 것은 아니고 이자[3]를 받고 빌려주지요. 한국은행에서 빌려올 때 내는 이자보다 더 많은 이자를 사람들에게 받아 이익을 얻어요. 돈을 빌린 사람들은 그 화폐로 여러 가지 경제활동을 해요. 가게를 차리거나 기계를 사는 등 투자를 해요. 또 물건을 사거나 외식을 하는 등 소비를 하기도 하지요.

4문단   이렇게 사용한 화폐는 다시 은행으로 가게 돼요. 그리고 그중 일부는 한국은행으로 가지요. 그렇게 한국은행에 들어간 돈은 다시 은행을 거쳐 사람들에게 오게 됩니다. 이처럼 화폐는 계속해서 돌고 돌아요.

주목할 어휘   1 **정부** | 나랏일을 돌보는 통치 기구를 통틀어 이르는 말

2 **훼손** | 헐거나 깨트려 못쓰게 만듦

3 **이자** | 남에게 돈을 빌려 쓴 대가로 지불하는 돈

3 다음 지시에 따라 두 단어 사이의 관계에 대해 생각해 보세요.

돈을 빌린 사람들은 그 화폐로 여러 가지 경제활동을 해요. 가게를 차리거나 기계를 사는 등 투자를 해요. 또 물건을 사거나 외식을 하는 등 소비를 하기도 하지요.

(1) 위 내용으로 볼 때 경제활동과 투자는 서로 어떤 관계인가요?

....

(2) 다음 중 경제활동과 투자의 관계와 같은 관계로 이루어진 것을 고르세요.
(   )

① 동물, 사슴   ② 동물, 식물   ③ 사슴, 토끼

④ 식물, 토끼   ⑤ 무궁화, 꽃

4 다음 지시에 따라 내용을 정리하세요.

(1) 화폐를 만들고 나누는 일은 어떤 기관에서 어떻게 진행하나요?

(2) 2문단을 다시 읽으며 다음 표에 정리하세요.

한국은행

⬇

한국조폐공사

한국은행으로 보냄   한국조폐공사

⬇

은행에 빌려주거나 보관함

5 **다음 지시에 따라 내용을 정리하세요.**

(1) 일반 은행과 사람들은 화폐로 어떤 일을 하나요?

(2) 읽은 내용을 먼저 떠올려 보세요.

(3) 3문단을 다시 읽어 보세요.

(4) 다음 표에 내용을 정리하세요.

일반 은행	
사람	

6 **이 글을 읽고 화폐에 대해 알게 된 것과 더 알고 싶은 것을 정리하세요.**

알게 된 것	더 알고 싶은 것
•	•

읽기 전
배경지식

1 다음 지시에 따라 두 그림의 차이를 설명해 보세요.

(1) 왼쪽은 인상주의, 오른쪽은 극사실주의 작품입니다.

(2) 두 그림은 어떤 차이가 있다고 생각하나요?

읽기 중
이해 전략

문단의 첫 문장을
통해 문단이 어떤
내용일지 짐작해
보세요.

2 다음 지시에 따라 지문을 읽으세요.

(1) 글을 읽기 전에 간단히 살펴봅시다.

(2) 각 문단의 첫 번째 문장만 읽어 보세요.

(3) 이를 바탕으로 글이 어떤 내용일지 생각해 보세요.

(4) 그 생각을 참고하면서 글을 읽어 보세요.

모네의 발자취를 따라

1문단   여름방학에 나는 모네라는 화가¹가 살던 곳과 모네의 작품²들을 보러 프랑스 파리에 다녀왔다. 파리로 가는 비행기 안에서 엄마는 모네가 유명한 인상주의 화가라고 알려 주었다. 인상주의는 사물의 모습을 있는 그대로 그리기보다는 그 순간의 ㉠인상을 표현하는 예술이다.

2문단   첫째 날 우리는 <인상, 해돋이>라는 작품을 보기 위해 마르모탕 미술관에 갔다. 이 작품은 모네가 물에 비친 햇빛을 본 순간 느낀 인상을 그린 것이다. 인상주의라는 말이 이 작품 때문에 생겨났다고 한다. 가까이에서 보면 얼룩얼룩한 붓 자국처럼 보이는데 멀리서 보면 해가 돋는 순간의 느낌이 떠올라서 신기했다.

3문단   둘째 날에는 <수련> 그림들이 있는 오랑주리 미술관에 갔다. <수련>이라는 작품은 하나만 있는 게 아니었다. 모네는 그의 정원³에서 250점에 달하는 <수련>을 그렸다고 한다. 그림들로 둥근 벽이 가득 차 있어서 마치 연못 속에 떠 있는 느낌도 들었다.

4문단   다음 날에는 모네의 정원을 실제로 보기 위해 지베르니 마을에 갔다. 정원에는 그림 속 연못과 다리, 그리고 아름다운 꽃들과 수련이 있었다. 나도 모네처럼 햇빛에 반짝이는 수련의 모습을 그려 보고 싶다는 충동이 일었다.

주목할 어휘

1 **화가** | 그림 그리는 일을 직업으로 하는 사람
2 **작품** | 예술 창작 활동으로 얻어지는 제작물
3 **정원** | 집 안에 있는 뜰이나 꽃밭

어휘

3 다음 지시에 따라 ㉠인상의 뜻으로 가장 올바른 것을 고르세요.

같은 소리가 나는
단어가 많으므로
글의 앞뒤를 통해
뜻을 짐작해야
합니다

(1) 같은 소리로 읽지만 뜻이 다른 단어들이 있습니다.

(2) 인상 역시 사전에서 찾으면 다음처럼 다양한 뜻이 나옵니다.

(3) 다음 중 ㉠인상의 뜻으로 알맞은 것을 고르세요. (   )

① 인상(人相) - 사람 얼굴의 생김새

② 인상(印象) - 어떤 대상에 대하여 마음속에 새겨지는 느낌

③ 인상(引上) - 물건 따위를 끌어 올림

④ 인상(印相) - 부처가 열 손가락으로 만든 갖가지 표상

⑤ 인상(鱗狀) - 비늘 모양의 형상

독해

4 다음 중 글에 대한 설명이 <u>아닌</u> 것을 고르세요. (   )

맞는 보기에는
○표를 하여 하나씩
제외시켜 봅시다.
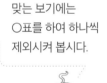

① 나는 프랑스 파리에 가서 화가 모네의 작품을 감상하였다.

② 지베르니 마을로 가기 위해 모네의 정원을 찾았다.

③ 오랑주리 미술관에서는 〈수련〉을 감상하였다.

④ 〈수련〉은 하나의 작품이 아니라 연작이었다.

⑤ 마르모탕 미술관에서는 〈인상, 해돋이〉를 감상하였다.

사고력

5 다음 그림이 인상주의 작품이라면 ○표, 아니면 X표를 하세요.

6 다음 지시에 따라 질문을 하세요.

(1) 그림을 보고 다음과 같은 질문을
할 수 있습니다.

(2) 주어진 질문에 답해 보세요.

(3) 여러분의 질문도 만들어 보세요.

보이는 것에 대한 질문	생각나는 것에 대한 질문
• 무엇이 있나요?	• 어떤 생각이 드나요?
• 어떤 색을 썼나요?	• 무엇이 떠오르나요?
궁금한 것에 대한 질문	나만의 질문
• 두 사람은 왜 여기에 있을까요?	•
• 바람은 많이 불고 있을까요?	•

하늘이 파란 이유

읽기 전
어휘

1 다음 지시에 따라 그림으로 표현해 보세요.

(1) 다음의 단어와 그 뜻을 읽어 보세요.

지구의 표현을 둘러
싸고 있는 기체라는
대기의 정의를
잘 생각해 보세요.

> **대기**: 지구의 표면을 둘러싸고 있는 기체
> **대기권**: 지구를 둘러싸고 있는 대기의 범위

(2) 다음 그림에 대기권을 표현해 보세요.

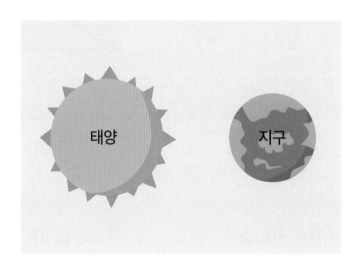

읽기 중
이해 전략

2 다음 지시에 따라 지문을 살펴보세요.

(1) 글을 읽고 문제를 풀어야 할 때는 문제를 미리 살펴보면 좋습니다.

(2) 3번부터 6번까지의 문제를 살펴보세요.

(3) 무엇을 묻고 있는지 정리해 보세요.

(4) 문제를 염두에 두고 지문을 읽습니다.

하늘이 파란 이유

1문단 사람들은 흔히 '푸른 하늘'이라고 말하지만, 하늘이 늘 푸른 것은 아닙니다. 이른 아침 동틀 무렵[1]이나 해질녘의 하늘은 붉게 물들기도 하지요. ㉠이는 태양빛이 대기권을 통과하는 거리가 시간에 따라 변하기 때문입니다.

2문단 태양이 지구에 보내는 빛 중에는 가시광선[2]이 있습니다. 가시광선[3]은 붉은색부터 보라색까지 여러 가지 색으로 이루어집니다. 평소에는 그 색이 보이지 않지만 무언가에 부딪혀 광선이 흩어질 때 그 색이 보이게 됩니다. 비 온 뒤에 무지개가 뜨는 이유도 바로 그 때문입니다. 하늘의 색은 바로 가시광선의 흩어지는 정도에 의해 결정됩니다.

3문단 가시광선은 우주를 통과해 대기권으로 들어오게 됩니다. 대기권으로 들어온 가시광선은 공기와 부딪혀 흩어집니다. 이때 낮에는 푸른색 광선이 다른 색 광선보다 특히 많이 퍼집니다. 그 결과 하늘은 온통 파랗게 보이게 되지요.

4문단 머리 위에 해가 떠 있는 낮과 달리 아침저녁으로는 태양이 낮게 뜹니다. 이때 가시광선은 낮보다 훨씬 더 오랜 시간 동안 대기를 통과하게 되지요. 그 과정에서 푸른색 광선은 너무 많이 흩어져 모두 사라집니다. 그러면서 결과적으로 붉은빛만 남게 되어 하늘은 붉게 보이는 거랍니다.

주목할 어휘 1 **동틀 무렵** | 동쪽 하늘이 훤하게 밝아 올 즈음
  2 **광선** | 빛, 빛의 줄기
  3 **가시광선** | 사람이 볼 수 있는 빛

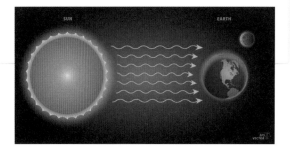

읽기 후
어휘

3 다음 지시에 따라 단어의 뜻을 생각해 보세요.

(1) 가시광선은 사람이 볼 수 있는 빛이라는 뜻입니다.

(2) 가시광선을 이루는 한자를 선으로 연결하세요.

가능할 **가** •　　• 볼 **시** •　　　• 넓을 **광** •　　• 줄 **선**

노래 **가** •　　• 때 **시** •　　　• 빛 **광** •　　• 먼저 **선**

 읽기 후
독해

(2)의 보기를 (1)의
'이는' 대신에 하나씩
넣어 보세요.

4 다음 지시에 따라 ㉠<u>이는</u>의 의미를 찾아보세요.

(1) 다음은 1문단에 있는 문장입니다.

　　이는 태양빛이 대기권을 통과하는 거리가 시간에 따라 변하기 때문입니다.

(2) 여기서 '이는'은 다음 중 무엇을 의미할까요? (　　　　)

　　① 사람들이 푸른 하늘이라고 말하는 것

　　② 하늘이 늘 푸른색이 아닌 것

　　③ 태양빛에 가시광선이 있는 것

읽기 후

이해 전략

3문단과 4문단을
다시 천천히 읽어
보세요.

5 다음 지시에 따라 그림의 하늘색을 완성하세요.

(1) 다음은 글의 내용을 표현한 그림입니다.

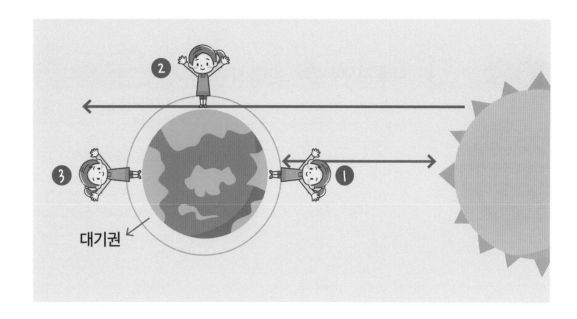

(2) 위 그림의 ①과 ② 부분에 알맞은 하늘색을 칠해 보세요.

읽기 후

사고력

6 다음 지시에 따라 답하세요.

(1) 5번 문제에서 ③의 하늘색은 무엇일까요? (   )

(2) 5번 그림에 색을 칠하고 그 이유를 글로 설명해 보세요.

읽기 전
어휘

나온 단어를 각각
이용하여 문장을
만들어 보세요.

1 다음 지시에 따라 단어를 살펴보세요.

(1) 다음은 글에 나오는 어려운 단어입니다.

(2) 단어의 뜻을 알면 ○표, 모르면 X표 하세요.

(3) 원래는 모르지만 알 것 같으면 △표 하세요.

화재	개방	비용
무인	경비	제재
문화재	강화	파손

읽기 중
유창성

2 다음 지시에 따라 지문을 읽어 보세요.

(1) 초를 잴 수 있도록 스마트폰이나 타이머를 준비합니다.

(2) 타이머를 누르고 다음 페이지의 지문을 소리 내어 읽습니다.

(3) 다 읽었으면 타이머를 멈추고 시간을 확인합니다.

(4) 내 읽기 속도가 다음 중 어디에 속하는지 확인합니다.

- ☐ **67초 이하** | 너무 빨라요. 조금 더 천천히 읽어 보세요.
- ☐ **75~96초** | 적당한 속도입니다. 계속 그렇게 읽으세요.
- ☐ **112초 이상** | 너무 느려요. 한 번 더 읽어 보세요.

문화재, 개방이냐 보호냐?

1문단 2008년 2월 10일 밤, 숭례문에 불이 났습니다. 처음에는 불길이 잡히는 듯했지만 곧 다시 번졌고, 결국 숭례문의 대부분이 불에 타 무너져 버렸습니다. 뉴스를 보던 사람들의 가슴도 까맣게 타들어갔습니다. 그런데 놀라운 사실은 화재[1]가 우연히 난 것이 아니라 누군가 일부러 불을 질렀다는 겁니다. 어떻게 이런 일이 생겼을까요?

2문단 숭례문은 사람들에게 자유롭게 개방[2]되어 있었습니다. 게다가 비용을 아끼려고 밤에는 경비원을 두지 않고 무인 경비 시스템만 설치했다고 합니다. 결과적으로 누구나 쉽게 숭례문에 접근할 수 있었고, 이런 나쁜 짓을 해도 ㉠제재할 방법이 없었던 겁니다.

3문단 숭례문 화재 사건으로 인해 문화재 관리에 대한 관심이 높아졌습니다. 문화재는 우리 모두가 누려야 하니 개방하는 것이 좋을까요? 아니면 소중한 문화재를 지키기 위해 일반인에게는 개방하지 않는 것이 좋을까요? 여러분의 생각은 어떤가요?

4문단 저는 문화재를 개방하여 누구나 가까이에서 즐길 수 있게 해야 한다고 생각합니다. 문화재를 꽁꽁 싸맨다고 해결될 문제는 아니니까요. 대신에 경비 시스템을 강화하고, 파손[3]이나 화재 등 예기치 못한 사건에 더욱 철저히 대비해야 할 것입니다. 그리고 시민 모두가 문화재를 내 것처럼 아끼고 보호하는 시민 의식을 가져야 합니다. 오랜 역사 동안 묵묵히 그 자리를 지켜 온 소중한 우리 문화재. 우리가 지킵시다!

주목할 어휘 1 **화재** | 불이 나는 재앙
2 **개방** | 문이나 어떤 공간 따위를 열어 자유롭게 드나들고 이용하게 함
3 **파손** | 깨어져 못 쓰게 됨

3 다음 지시에 따라 ㉠제재의 뜻을 짐작해 보세요.

(1) 모르는 단어가 있을 때는 단어의 앞뒤를 다시 읽어 보아야 합니다.

(2) 앞뒤 내용으로 볼 때 ㉠제재의 뜻이 무엇이라고 생각하나요?

....

(3) 그렇게 추측한 이유는 무엇인가요?

....

....

4 다음 지시에 따라 문제를 해결해 보세요.

누구나 숭례문을
보고 즐길 수 있게
하려면 무엇을 해야
할까요?

(1) 다음 문장을 넣는다면 몇 번째 문단에 넣어야 할까요? (   )

누구나 숭례문을 보고 즐길 수 있게 하기 위해서였습니다.

① 1문단

② 2문단

③ 3문단

④ 4문단

(2) 위 문장이 들어가기에 가장 적절한 위치를 지문에서 찾아 ✔표 하세요.

5 다음 중 이 글을 제대로 이해한 반응이 <u>아닌</u> 것을 고르세요. (   )

① 나는 문화재를 개방하지 않고 보호해야 한다고 생각해.

② 글쓴이는 문화재 개방보다는 보호가 우선이라고 말하고 있어.

③ 숭례문이 불탄 이유는 문화재를 제대로 보호하지 못했기 때문이야.

④ 비용을 아끼려다 너무 소중한 것을 잃었어.

⑤ 문화재가 파손되면 많은 국민들이 안타까워 해.

6 여러분은 문화재를 개방해야 한다고 생각하나요? 아니면 개방하지 않아야 한다고 생각하나요? 여러분의 생각을 글로 써보세요.

나는 문화재를 ....

왜냐하면 ....

....

....

....

....

1 다음 내용을 담아 짧은 글을 쓰세요.

- 전자레인지를 작동시켜 본 경험
- 전자레인지를 작동시키는 방법
- 전자레인지를 작동시켰을 때 안에서 일어나는 일

2 다음 지시에 따라 지문을 읽으세요.

(1) 글에 어떤 모습을 떠올릴 수 있는 내용이 있을 때가 있습니다.

(2) 이럴 때는 그 모습을 머릿속으로 차분히 그려 보면 좋습니다.

(3) 다음 글을 읽으면서 머릿속으로 장면을 떠올려 보세요.

(4) 그리고 그 모습 중 하나를 그림으로 그려 보세요.

칸이 작다면
다른 노트에 그려도
좋습니다.

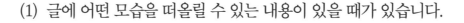

전자레인지의 작동 원리

1문단
　　전자레인지를 이용하면 음식을 간편하게 데워 먹을 수 있습니다. 안전하고 사용법도 간단해 어린이들도 쉽게 쓸 수 있지요. 그런데 전자레인지는 가스레인지처럼 불꽃도 없고 오븐처럼 안이 뜨거워지지도 않아요. 그렇다면 어떻게 음식을 뜨겁게 만들 수 있는 것일까요?

2문단
　　전자레인지를 작동[1]시키면 회전판이 돌아가면서 안쪽의 여러 곳에서 마이크로파가 나와요. 마이크로파는 전기를 사용하면 나오는 에너지의 일종이에요. 음식물 안에는 작은 물 분자[2]가 있는데 이 물 분자들은 마이크로파의 에너지를 받으면 마구 움직이게 되지요. 그리고 이 움직임으로 인해 온도가 올라가서 음식이 데워집니다. 빙빙 돌아가는 회전판은 마이크로파가 음식물에 골고루 흡수되도록 돕는 역할을 하고요.

3문단
　　대부분의 음식에는 물기가 있기 때문에 전자레인지로 거의 모든 음식을 요리할 수 있어요. 완전히 바짝 말라 물기가 전혀 없는 음식물만 아니라면 말이지요. 마이크로파는 유리, 플라스틱, 도자기를 모두 통과하기 때문에 아무 그릇에나 담아도 괜찮아요. 다만, 은박지나 금속은 마이크로파를 반사[3]해 버려 음식을 데울 수 없어요. 오히려 전자레인지 어느 한쪽에 마이크로파가 모여서 불이 나거나 폭발할 수도 있으니 절대 사용하면 안 돼요.

주목할 어휘
1 **작동** | 기계 따위가 작용을 받아 움직임
2 **분자** | 어떤 물질이 가지는 가장 작은 크기의 물체
3 **반사** | 일정한 방향으로 가던 파동이 다른 물체에 부딪혀 방향을 바꾸어 나아가는 현상

3 전자레인지에 대한 다음 설명 중 옳지 <u>않은</u> 것을 고르세요. (   )

옳은 설명 옆에는
○표를 하세요.

① 전자레인지는 불꽃도 없고 안이 뜨거워지지 않는다.

② 대부분의 음식은 전자레인지로 데울 수 있다.

③ 모든 종류의 그릇을 전자레인지에서 사용할 수 있다.

④ 전자레인지에서는 마이크로파가 나온다.

⑤ 회전판이 없으면 음식물이 골고루 익지 않을 수 있다.

4 전자레인지의 장점과 단점을 다음 표에 정리하세요.

그래픽 조직자

장점	단점
•	•

5 **다음 지시에 따라 문제를 해결하세요.**

(1) 다음 설명은 몇 문단의 제목인지 쓰세요.

① 전자레인지의 작동 원리   (   ) 문단

② 간편하고 안전한 전자레인지   (   ) 문단

(2) (1)에 나오지 않는 문단을 쓰고, 제목을 직접 지어 보세요.

(   ) 문단 : ....

6 **다음 조건에 따라 전자레인지를 설명하는 글을 쓰세요.**

• 음식물이 따듯해지는 원리를 설명하세요.
• 사용 시 주의할 점을 담으세요.

1 다음 지시에 따라 나의 읽기를 평가해 보세요.

(1) 다음 문장을 소리 내어 읽은 후 나의 읽기가 어땠는지 고르세요.

> 2011년부터 2021년까지 시행된 셧다운제는 밤 12시부터 아침 6시까지만 16세 미만 청소년들이 온라인 게임에 접속할 수 없게 했다.

- ☐ 말하듯이 부드럽고 끊어짐 없이 자연스럽게 읽었다.
- ☐ 중간에 한 번 이상 멈칫거렸다.
- ☐ 읽는 소리가 어딘가 부자연스럽고 딱딱했다.
- ☐ 너무 빠르게 혹은 너무 느리게 읽었다.

(2) 부족한 점이 있었다면 그 부분에 신경 써서 다시 한번 읽어 보세요.

2 다음 지시에 따라 지문을 읽으세요.

(1) 이번 지문에는 사실과 의견이 있습니다.

(2) 사실은 실제로 있었던 일을 뜻합니다.

(3) 의견은 글쓴이가 가진 생각입니다.

(4) 지문의 문장이 사실(Fact)이면 F를 쓰세요.

(5) 지문의 문장이 의견(Opinion)이면 O를 쓰세요.

> **예시** F 2022년에는 이를 대신하여 게임 시간 선택제가 나왔다.

게임 중독을 막기 위한 제도

1문단 셧다운제는 게임 중독을 줄이기 위한 대표적인 제도[1]이다. 2011년부터 2021년까지 시행된 셧다운제는 밤 12시부터 아침 6시까지 만 16세 미만 청소년들이 온라인 게임에 접속할 수 없게 했다. 2022년에는 이를 대신하여 게임 시간 선택제가 나왔다. 18세 미만 청소년의 온라인 게임 시간을 부모님이 선택 및 신청해서 제한하게 한 것이다. 이런 제도는 게임 중독[2]을 막는다는 좋은 취지이긴 하지만 이에 대한 비판도 있다.

2문단 첫째, 청소년의 자유로운 결정권을 무시하고 있다는 점이다. 중독을 예방한다는 목적이라면 개인의 결정권을 침해해도 될까? 그렇다면 성인의 알콜 중독을 예방하기 위해 술 판매는 왜 금지하지 않는 걸까? 성인의 인권과 청소년의 인권은 무게가 다른지 곰곰이 따져 볼 문제다.

3문단 둘째, 청소년이 법을 어기도록 부추기고 있다는 것이다. 청소년들이 제도를 피하기 위해 부모님의 주민등록번호를 도용하는 경우도 있다. 가족이라 해도 타인의 개인 정보를 사용하는 것은 법을 어기는 행동이다. 평범한 학생조차 법을 어기도록 부추긴다면 이는 절대 좋은 제도라고 할 수 없다.

4문단 좋은 목적을 가졌다고 해서 그 제도가 늘 좋은 것은 아니다. 좋은 목적으로 시작해도 잘못된 방법으로 목적을 달성하려 한다면 그것은 더 이상 좋은 제도라 할 수 없다. 청소년의 인권을 무시하지 않고 청소년이 범법[3] 행위를 하도록 부추기지 않는 새로운 제도가 필요하다.

주목할 어휘
1 **제도** | 관습이나 도덕, 법률 등으로 만든 사회 구조 체계
2 **중독** | 무언가에 지나치게 집착하여 그것 없이는 견디지 못하는 병적 상태
3 **범법** | 법을 어김

3 다음 지시에 따라 어휘의 뜻을 추측해 보세요.

(1) 권리는 어떤 일을 할 수 있는 자격이나 힘을 뜻합니다.

(2) 권리는 다음처럼 어떤 말 뒤에 '권'으로 줄여서 붙는 경우가 많습니다.

인권	인간으로서 당연히 가지는 기본적 권리
결정권	스스로 결정할 수 있는 권한

(3) 위 내용을 참고하여 다음 단어의 뜻을 추측해 쓰세요.

자유권	
평등권	
투표권	

4 게임 중독을 막기 위한 제도에 대한 글쓴이의 생각을 다음 표에 정리하세요.

게임 중독을 막기 위한 제도

①   ②

5 지문에 대한 설명으로 가장 적절한 것을 고르세요. (   )

① 셧다운제와 게임 시간 선택제를 비교하여 설명하고 있다.

② 게임 중독을 줄이기 위한 제도를 바꾸기 위한 노력을 소개한다.

③ 게임 중독을 줄이기 위한 제도가 가진 문제점을 말하고 있다.

④ 게임 중독의 위험성에 대해 자세히 설명하고 있다.

⑤ 청소년이 게임 중독에 빠지는 이유를 분석하고 있다.

6 여러분은 게임 중독을 어떻게 막아야 한다고 생각하나요? 여러분의 생각을 글로 표현해 보세요.

어떻게 할 때 사람들이 게임을 덜 할까요?

다양한 만화의 세계

예술
체육 설명문

읽기 전
배경지식

1 내가 가장 좋아하는 만화와 그 이유를 쓰세요.

내가 가장 좋아하는 만화는 ....

왜냐하면 ....

....

....

....

읽기 중
이해 전략

2 다음 지시를 모두 읽은 후 하나씩 따라 하세요.

(1) 글에는 가장 중요한 단어가 있습니다.

(2) 중요한 단어가 무엇인지 생각하며 글을 읽습니다.

(3) 각 문단에서 가장 중요한 단어를 하나씩 골라 ○표 하세요.

(4) 찾은 단어가 서로 어떤 관계인지 생각하며 읽습니다.

다양한 만화의 세계

1문단 만화는 대화를 ㉠삽입하여 이야기를 재미있게 나타내는 그림의 일종[1]이에요. 그림을 통해 상황을 보여 주고, 등장인물의 말과 생각은 글로 보여 주지요. 아이들이 넋을 잃고 보게 만드는 만화의 다양한 종류에 대해 알아보겠습니다.

2문단 카툰은 원래 유럽에서는 그냥 만화라는 뜻이었어요. 하지만 우리나라에 들어오면서 네 컷 이하의 짧은 만화를 뜻하게 되었어요. 주로 신문 등에서 우리 사회의 모습을 보여 주기 위한 목적으로 사용되는 경우가 많아요.

3문단 만화책은 책이기 때문에 카툰과 달리 길어요. 한 페이지에만도 여러 컷이 있고, 이런 페이지가 한 권의 책이 될 만큼 길게 이어져 있지요. 보통 몇 권으로 이어지기도 하고, 심지어 수백 권까지 이어지는 경우도 있어요. 최근에는 미국에서 들어온 코믹스라는 단어가 만화책을 대신해서 사용되기도 해요.

4문단 웹툰은 인터넷을 뜻하는 '웹'과 카툰의 '툰'을 합쳐서 생긴 신조어[2]예요. 다시 말하면, 인터넷에서 볼 수 있도록 그려진 만화를 뜻해요. 스마트폰으로 보는 경우가 많아 컷이 세로로 길게 이어진다는 특징이 있어요.

5문단 만화영화는 영화처럼 만든 만화예요. 수십 장의 그림을 연속적으로 빠르게 보여 주어 움직이는 것처럼 보이지요. 인물의 말은 글이 아닌 목소리로 나타내요. 배경 음악과 여러 가지 효과음도 있어서 생동감[3]을 느낄 수 있는 것이 장점이에요.

주목할 어휘 1 **일종** | 한 종류

2 **신조어** | 새로 생긴 말

3 **생동감** | 생기 있게 살아 움직이는 듯한 느낌

3 다음 지시에 따라 ㉠삽입하여의 뜻을 짐작하여 보세요.

(1) 1문단을 다시 읽어 보세요.

(2) ㉠삽입하여는 무슨 뜻이라고 생각하나요?

(3) 다음 중 ㉠삽입하여 대신에 넣을 수 있는 단어를 골라 보세요. (   )

① 집어넣어   ② 없애서

③ 크게 만들어   ④ 숨겨서

4 다음 지시에 따라 지문 내용을 정리해 보세요.

(1) 각 문단에서 찾은 가장 중요한 단어를 쓰세요.

1문단	2문단	3문단	4문단	5문단

(2) 위에서 쓴 가장 중요한 단어를 다음의 표에 정리해 보세요.

5 **다음 지시에 따라 글에서 알 수 있는 사실이 <u>아닌</u> 것을 찾아보세요.**

(1) 다음 중 2문단을 통해 알 수 있는 사실이 <u>아닌</u> 것을 고르세요. (   )

    ① 단어는 외국에서 들어오기도 한다.

    ② 외국에서 들어온 단어는 의미가 바뀌기도 한다.

    ③ 외국에서 새로운 단어가 들어오면 원래 단어는 사라진다.

    ④ 비슷한 의미를 가지는 다양한 단어가 있다.

(2) 2문단을 다시 읽어 보세요.

(3) ①~④의 보기를 하나씩 지문에서 찾아보고 맞는 것은 지워 나가세요.

6 **지시에 따라 다음 만화의 종류가 무엇인지 쓰세요.**

(1) 왼쪽 만화는 카툰, 만화책, 웹툰, 만화 영화 중 무엇이라고 생각하나요?

(2) 그 이유를 쓰세요.

위 만화는   입니다.

왜냐하면

1 다음을 읽고 내용이 진실인지 거짓인지 골라 보세요.

내가 모르는
내용이라도 짐작을
해 보면 이해에
도움이 됩니다.

내용	진실	거짓
기후변화 협약의 주목적은 온실가스 배출량을 줄이는 것이다.		
기후변화 협약은 2015년 파리에서 처음 시작되었다.		
기후변화 협약은 매우 잘 지켜지고 있다.		

2 다음 지시에 따라 핵심 문장을 찾아보세요.

(1) 핵심 문장은 글에서 가장 중요한 문장입니다.

(2) 문단마다 핵심 문장이 1개씩 있습니다.

(3) 각 문단에서 핵심 문장을 찾으세요.

(4) 핵심 문장을 찾았으면 밑줄을 그으세요.

문장을 하나씩 빼
보고 절대 빠지면
안되는 문장을 찾아
보세요.

기후변화 협약의 한계

1문단 기후와 환경 문제가 점차 심각해지면서 여러 나라가 모여 맺은 기후변화 협약[1]에 많은 관심이 쏠리고 있어요. 기후변화 협약은 온실가스 배출량[2]을 줄여 지구가 더워지는 것을 막기 위해 만든 나라 간의 약속이에요. 1992년 6월 브라질의 리우에서 처음 채택된 후 1997년 교토 협약, 2015년 파리 협약으로 이어지고 있지요.

2문단 기후변화 협약에 참여한 나라는 자기 나라가 얼마만큼의 온실가스를 내뿜고 있는지 조사해요. 그리고 조사한 결과를 서로에게 알리고 ㉠공유해요. 온실가스 배출량을 얼마까지 줄이겠다는 구체적인 목표도 세우지요. 그리고 ㉡이것을 달성하기 위해 필요한 ㉢정책을 만들고 ㉣시행해요. 문제는 ㉤이것이 잘 지켜지지 않는다는 거예요. 기후 협약에 ㉥강제성이 없어 약속을 지키지 않아도 벌을 줄 수 없기 때문이에요.

3문단 하지만 자율[3]로 맡겨 두기에 지구온난화 문제는 너무나 심각해요. 지구온난화와 기후변화로 이미 많은 사람들이 목숨을 잃고 있으며, 앞으로 더 심각해질 것이 분명하기 때문이에요. 이제는 적극적으로 지구온난화를 막을 수 있는 효과적인 온실가스 감축 정책이 필요해요. 모두가 지켜야만 하는 강력한 기후 협약을 맺을 시기랍니다.

주목할 어휘
1 **협약** | 협상에 의해 맺은 약속
2 **배출량** | 어떤 물질을 안에서 밖으로 내보내는 양
3 **자율** | 남에게 구속받지 않고 자기 스스로 어떤 일을 하는 상태

어휘

단어 대신 단어의
뜻을 문장에 넣어
보세요.

3 다음 단어와 그 뜻을 선으로 연결하세요.

ㄱ 공유 •

• 정치적 목적을 실현하기
위한 방법

ㄷ 정책 •

• 원하지 않는 일을 억지로
시키는 성질

ㄹ 시행 •

• 두 사람 이상이 하나를
공동으로 소유하다

ㅂ 강제성 •

• 실제로 행함

독해

문장의 '이것'
대신에 각 단어를
넣어 보세요.

4 ⓛ이것과 ⑩이것이 각각 의미하는 것으로 바른 것을 고르세요. (   )

① 조사한 결과, 온실가스 배출량

② 구체적인 목표, 온실가스 배출량

③ 온실가스 배출량, 온실가스 배출량

④ 구체적인 목표, 구체적인 목표

⑤ 조사한 결과, 구체적인 목표

5 다음 중 2문단의 제목으로 알맞은 것을 고르세요. (   )

① 성공적인 기후변화 협약

② 기후변화 협약이 필요한 이유

③ 기후변화 협약의 역사

④ 기후변화 협약의 기능과 한계

⑤ 우리나라와 기후변화 협약

6 온실가스 배출을 줄이기 위해서 어떻게 해야 할까요? 여러분의 생각을 쓰세요.

77 특별시와 광역시

인문 사회 · 설명문

읽기 전
배경지식

1 다음 도시를 특별시와 광역시 중 알맞은 것과 연결하세요.

잘 모르겠다면 소리
내어 읽어 보세요.
기억이 날지도
모릅니다.

서울 •

부산 •

대구 •

인천 •   • 광역시

광주 •

대전 •   • 특별시

울산 •

읽기 중
이해 전략

2 다음 지시에 따라 지문을 읽으세요.

(1) 지문을 읽을 때 한 문장을 읽은 후 멈춥니다.

(2) 방금 읽은 문장을 이해했는지 생각해 봅니다.

(3) 이해하지 못했다면 다시 읽고 생각해 봅니다.

(4) 이해했다면 다음 문장으로 넘어갑니다.

(5) 이런 방법으로 끝까지 읽습니다.

특별시와 광역시

1문단 우리나라에는 서울, 부산, 대전처럼 큰 도시가 여럿 있어요. 그런데 이 도시들을 부르는 이름이 조금씩 다르다는 것 알고 있나요? 어떤 도시는 특별시이고 어떤 도시는 광역시이지요. 그 차이를 지금부터 알아볼까요?

2문단 우선 서울은 특별시예요. 서울은 우리나라의 수도[1]이자, 1000만 명 가까운 사람이 살고 있는 대도시[2]지요. 하나밖에 없는 우리나라의 수도인 만큼 더 잘 운영하기 위해 특별시로 지정했어요. 여러 다른 지역을 특별시로 바꾸려는 노력이 있었지만 모두 ㉠무산됐어요. 그래서 지금 우리나라에 특별시는 서울 하나뿐이에요.

3문단 광역시는 특별시 다음으로 큰 크기의 행정 구역이에요. 서울의 인구가 1000만 명인 반면 광역시는 100만 명 정도예요. 특별시에 비하면 작게 느껴질 수도 있지만 사실 이것만 해도 굉장히 큰 편이랍니다. 광역시라는 이름은 1995년 처음 사용되었으며, 이전에는 직할시라고 불렸어요. 현재 총 6개의 도시가 광역시로 지정되어 있어요. 바로 부산, 대구, 인천, 광주, 대전, 울산입니다.

4문단 사실 지도를 보면 특별시와 광역시는 그보다 더 큰 도에 속해 있습니다. 서울특별시는 경기도에, 부산광역시는 경상남도에, 광주는 전라남도에 속해 있지요. 하지만 주소를 쓸 때 경기도 서울특별시, 경상남도 부산광역시라고 하지 않아요. 그냥 서울특별시, 부산광역시라고 하지요. 그 이유는 지리[3]적으로 속해 있을 뿐 행정적으로는 완전히 분리되어 각각 운영되기 때문이에요.

주목할 어휘
1 **수도** | 한 나라의 중앙 정부가 있는 도시
2 **대도시** | 지역이 넓고 인구가 많은 도시
3 **지리** | 어떤 곳의 지형이나 길 따위의 형편

읽기 후
어휘

3 다음 지시에 따라 ㉠무산의 뜻을 짐작해 보세요.

(1) 모르는 단어가 있을 때는 우선 앞뒤 내용을 살펴보아야 합니다.

(2) 2문단을 다시 읽어 보세요.

(3) 2문단의 내용으로 보아 무산의 뜻이 무엇이라고 생각하나요?

....

(4) 그 이유는 무엇입니까?

....

 읽기 후
그래픽 조직자

4 특별시와 광역시에 관한 정보를 다음 표에 정리해 보세요.

2문단과 3문단의
내용을 정리하세요.

특별시	•
광역시	•

읽기 후

독해

5 다음 설명이 맞으면 ○표, 틀리면 X표 하세요.

지문에서 하나씩
찾아서 비교하세요.

(1) 여러 도시를 특별시로 만들려는 노력이 있었다. (   )

(2) 현재 특별시와 광역시를 합하면 모두 6개이다. (   )

(3) 대구에 우편을 보낼 때는 경상북도 대구광역시라고 써야 한다. (   )

(4) 우리나라 광역시 인구는 총 300만 명 정도로 예상된다. (   )

읽기 후

질문

6 다음 지시에 따라 질문을 하세요.

(1) 한 문장을 읽고도 다양한 질문을 할 수 있습니다.

(2) 다음 문장을 읽고 예시를 참고해 질문을 만들어 보세요.

> 문장   우리나라에는 서울, 부산, 대전처럼 큰 도시가 여럿 있어요.

> 질문
> • 여럿 있다면 몇 개나 있을까?
>
> •
>
> •

> 문장   여러 다른 지역을 특별시로 바꾸려는 노력이 있었지만 모두
> 무산됐어요.

> 질문
> • 어떤 지역을 특별시로 바꾸려고 했을까?
>
> •
>
> •

핸드폰을 잃어버렸을 때는

과학 기술 실용문

읽기 전
배경지식

1 다음 두 질문에 여러분의 생각을 쓰세요.

경험이 있다면
경험을 떠올려 보고
경험이 없다면
상상해 보세요.

(1) 핸드폰을 잃어버렸을 때 생길 수 있는 문제

•
....

....

....

(2) 핸드폰을 잃어버렸을 때 해야 하는 행동

•
....

....

....

읽기 중
이해 전략

2 다음 지시에 따라 지문을 읽으세요.

(1) 각 문단별로 가장 중요한 단어를 찾으세요.

(2) 각 문단에서 가장 중요한 단어를 찾으면 밑줄을 그으세요.

(3) 글을 다 읽은 후 밑줄 그은 내용만 다시 한번 살펴보세요.

핸드폰을 잃어버렸을 때는

1문단 핸드폰은 잃어버리기 전에 미리 ㉠분실에 대비하는 것이 좋습니다. 암호를 걸어 다른 사람이 사용하지 못하게 하고, 데이터는 따로 저장해 두어야 합니다. 원격[1] 제어 서비스에 미리 가입해 두는 것도 좋습니다. 핸드폰 분실 보험에 가입해 두면 잃어버렸을 때의 피해를 어느 정도 보상 받을 수 있습니다.

2문단 만약 핸드폰을 잃어버렸다면 가장 먼저 자신이 가입한 이동 통신 업체[2]에 분실 신고를 합니다. 핸드폰을 주운 사람이 사용할 수 없도록 발신 중지도 함께 요청합니다. 잃어버린 핸드폰이 나쁜 곳에 쓰이는 것을 막을 수 있습니다.

3문단 핸드폰 찾기 콜센터의 핸드폰 메아리 서비스를 이용합니다. 분실물 센터, 우체통, 경찰서 등으로 모이는 분실 핸드폰 중에 자신의 핸드폰이 있는지 확인할 수 있습니다. 단, 핸드폰 분실 전에 핸드폰 찾기 콜센터에 회원 가입을 해 두었어야 합니다.

4문단 핸드폰의 위치 추적 기능을 이용합니다. 핸드폰마다 조금씩 다르기는 하지만, 해당 기기의 홈페이지나 앱을 이용하면 분실된 핸드폰의 현재 위치를 확인할 수 있습니다. 단, 핸드폰이 켜져 있을 때만 사용할 수 있습니다.

5문단 핸드폰의 원격 제어 기능을 이용합니다. 원격 제어 애플리케이션에 따로 가입한 경우 컴퓨터로 자신의 핸드폰에 있는 개인 정보[3] 및 사진 등을 지우고, 핸드폰을 주운 사람이 사용할 수 없도록 원격 잠금을 할 수도 있습니다.

주목할 어휘 **1 원격** | 멀리 떨어져 있음

2 이동 통신 업체 | 이동 중에 무선으로 통신할 수 있도록 서비스를 제공하는 업체

3 개인 정보 | 이름, 주소, 전화번호 등 개인에 대한 자료를 통틀어 이르는 말

3 다음 지시에 따라 ㉠분실의 뜻을 추측해 보세요.

(1) ㉠분실이 포함된 문장을 읽으세요.

(2) ㉠분실을 이루는 한자를 살펴보세요.

단어를 공부할 때는 이처럼 다양한 방면으로 생각해야 합니다.

紛　　失

어지러울 분　　잃을 실

(3) 내가 생각하는 ㉠분실의 뜻을 쓰세요.

(4) ㉠분실이 사용된 문장을 2개 이상 쓰세요.

- 분실물 센터에서 잃어버린 가방을 찾았다.

4 핸드폰을 잃어버렸을 때 할 수 있는 행동이 <u>아닌</u> 것을 <u>모두</u> 고르세요. (　　　　)

① 핸드폰의 원격 제어 기능을 이용한다.

② 스마트폰 보험에 가입한다.

③ 발신 중지 요청을 한다.

④ 가입한 이동 통신 업체에 분실 신고를 한다.

⑤ 핸드폰 찾기 콜센터에 회원 가입을 한다.

5 각 문단에서 찾은 핵심 단어를 이용하여 다음 표를 완성해 보세요.

핸드폰을 잃어버리기 전	미리 분실에 대비한다.
핸드폰을 잃어버렸다면	

6 다음 중 지문을 읽고 보일 수 있는 반응이 <u>아닌</u> 것을 고르세요. (   )

① 핸드폰은 다른 사람이 사용하지 못하게 하는 게 중요해.

② 위치 추적 기능 사용법은 모든 핸드폰이 똑같아.

③ 미리 핸드폰 메아리 서비스를 가입하는 게 좋겠어.

④ 핸드폰 분실 보험은 잃어버렸을 때 도움이 돼.

⑤ 핸드폰이 꺼졌다면 위치 추적을 할 수 없어.

화산섬, 제주도

인문
사회 / 설명문

읽기 전
배경지식

1 제주도에 대해 알고 있는 것, 경험한 것을 쓰세요.

·

읽기 중
어휘

단어가 어려울 때는
단어에 집중하면서
읽어야 합니다.

2 다음 지시에 따라 지문을 읽어 보세요.

(1) 이번 지문에는 어려운 단어가 여럿 있습니다.

(2) 어려운 단어가 있을 때는 그 단어에 관심을 가져야 합니다.

(3) 연필을 들고 지문을 읽습니다.

(4) 어려운 단어가 나오면 ○표 하세요.

(5) 그 단어를 설명하는 내용을 찾아 밑줄을 그으세요.

화산섬, 제주도

1문단　우리나라에는 무려 4천 개가 넘는 섬이 있다. 이 중에서 가장 큰 섬은 어디일까? 바로 제주도다. 제주도는 이색적[1]인 풍경으로 우리나라 사람들이 가장 좋아하는 여행지이기도 하다. 화산활동을 통해 만들어진 만큼 화산섬의 특징을 곳곳에서 발견할 수 있다.

2문단　제주도 한가운데에는 화산 분출[2]로 만들어진 한라산이 자리 잡고 있다. 한라산은 우리나라에서 가장 높은 산으로, 높이가 1,950m에 이른다. 한라산 정상에 있는 백록담은 화구호, 즉 화산의 분출구가 막혀 물이 고인 호수이다. 한라산 외에도 제주도에는 약 370개의 기생 화산이 있다. ㉠이것은 화산의 산허리나 산기슭에 생겨난 작은 화산으로, 오름이라고도 한다.

3문단　화산 지대인 제주도는 물을 흡수하지 않고 그대로 흘려보내 하천[3]의 발달이 어렵다. 대부분의 하천이 비가 올 때만 물이 흐르는 건천이며 길이도 짧다. ㉡이런 특징으로 인해 해안의 용천수가 솟는 지역 위주로 마을이 생겨났다. 또한 물이 많이 필요한 논농사 대신 물이 덜 필요한 밭농사가 주로 발달했다.

4문단　제주도는 화산으로 만들어져 해안선이 단순한 편이다. 몇몇 모래사장을 빼면 모두 바위 해안이며, 갯벌은 거의 없다. 일부 해안에서는 용암이 굳어서 생긴 주상절리를 찾아볼 수 있다. 주상절리란 땅 위로 솟아오른 용암이 식어 굳을 때 부피가 줄어들면서 돌기둥 모양으로 갈라진 것을 가리킨다.

주목할 어휘　**1 이색적** | 보통의 것과 색다른 성질을 지닌 것
　2 분출 | 액체나 기체가 솟구쳐서 뻗어져 나옴
　3 하천 | 강과 시내를 아울러 이르는 말

읽기 후
어휘

3 다음 단어와 뜻을 선으로 알맞게 연결하고, 빈칸은 직접 쓰세요.

앞에서 표시를 잘했
다면 문제를 더 쉽게
해결할 수 있습니다.

화구호 •
　　　　　　　　　　　• 땅 밑에서 솟아 나오는 물

기생 화산 •
　　　　　　　　　　　• 화산의 분출구가 막혀 물이
　　　　　　　　　　　　고인 호수

건천 •
　　　　　　　　　　　•

천수 •
　　　　　　　　　　　• 땅 위로 솟아오른 용암이 식어
　　　　　　　　　　　　굳을 때 부피가 줄어들면서
　　　　　　　　　　　　돌기둥 모양으로 갈라진 것

주상절리 •
　　　　　　　　　　　• 화산의 산허리나 산기슭에
　　　　　　　　　　　　생겨난 작은 화산

읽기 후
독해

4 다음 지시에 따라 ㉠이것과 ㉡이런 특징의 뜻을 찾으세요.

(1) ㉠이것이 뜻하는 것을 지문에서 찾아 ○표 하세요.

(2) ㉡이런 특징이 뜻하는 것을 지문에서 찾아 ○표 하세요.

(3) ㉠이것과 ㉡이런 특징이 뜻하는 것을 쓰세요.

ㄱ

ㄴ

5 빈칸을 채워 문단의 중심 내용을 정리하세요.

1문단	제주도에서는 ❶ □□□의 특징을 발견할 수 있다.
2문단	한라산과 기생 화산은 ❷ □□□□로 만들어졌다.
3문단	❸ □□□가 솟는 지역 위주로 마을이 발달했다.
4문단	제주도의 ❹ □□□은 단순한 편이다.

❶ .... ❷ ....

❸ .... ❹ ....

6 제주도의 장점, 단점, 흥미로운 점에 대해 쓰세요.

장점	단점	흥미로운 점

우리의 정서를 담은 노래, 민요

읽기 전
배경지식

1 여러분이 알고 있는 노래 제목을 써 보세요.

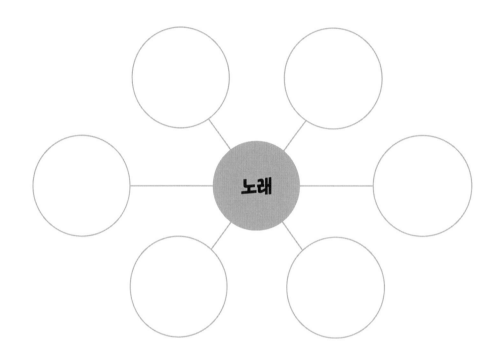

노래

읽기 중
유창성

2 다음 지시에 따라 지문을 읽으세요.

(1) 글을 읽을 때는 중간중간 적절히 쉬어 가며 읽어야 합니다.

(2) 의미가 연결되면 연결해서 읽고 의미가 바뀌면 쉽니다.

(3) 다음 예시를 살펴보세요.

사람마다 조금씩
다르게 끊어 읽을 수
있습니다.

> 민요는 / 사람들 사이에서 자연스럽게 생겨나 / 입에서 입으로 전해 온
> 노래예요.

(4) 끊어 읽으면 좋을 곳에 /를 표시하면서 읽으세요.

우리의 정서를 담은 노래, 민요

1문단 민요는 사람들 사이에서 자연스럽게 생겨나 입에서 입으로 전해 온 노래예요. 그런 만큼 사람들의 생활 모습과 감정을 잘 담고 있어요. 우리나라에도 우리 민족[1]의 생활과 정서를 보여 주는 수많은 민요가 있어요. 얼마나 널리 불렸는지, 언제 어디서 불렀는지, 누가 불렀는지에 따라 그 종류가 다양하지요.

2문단 〈아리랑〉, 〈도라지타령〉, 〈천안삼거리〉 같은 민요는 넓은 지역에 퍼진 민요예요. 이런 민요를 통속 민요라고 해요. 통속 민요는 짜임새[2]가 있고 세련[3]되어 전문적으로 노래하는 소리꾼들이 많이 불렀어요. 그로 인해 더 많은 사람에게 전해졌지요.

3문단 〈논매기 소리〉, 〈노젓기 소리〉, 〈바느질 노래〉 같은 민요는 그 지역 사람들이 일을 하며 부르던 노래예요. 〈논매기 소리〉는 ㉠＿＿＿＿＿＿＿＿ 가, 〈노젓기 소리〉는 ㉡＿＿＿＿＿ 가, 〈바느질 노래〉는 ㉢＿＿＿＿＿＿ 이 주로 불렀죠. 이런 민요는 토속 민요라고 해요. 토속 민요는 그 지역 분위기와 생활을 잘 담고 있어요.

4문단 〈두껍아 두껍아〉나 〈서동요〉 같은 민요는 어린이들이 놀면서 부르던 노래예요. 이런 민요는 전래 동요라고 해요. 전래 동요는 온 나라에 널리 퍼진 것도 있고 한 지역에서만 부르던 것도 있지요. 아이들이 주로 부르는 노래인 만큼 같은 노랫말이 여러 번 반복되고, 노래 길이는 짧은 편이에요.

주목할 어휘 **1 민족** | 일정한 지역에서 오랜 세월 동안 공동생활을 해온 사회 집단

2 짜임새 | 짜인 모양새

3 세련 | 서투르거나 어색한 데 없이 능숙하고 미끈하게 갈고닦음

3 다음 지시에 따라 내용을 정리하세요.

(1) 타이머를 1분에 맞춥니다.

(2) 지문에서 기억나는 내용을 1분간 말로 설명합니다.

(3) 지문을 다시 읽습니다.

(4) 타이머를 1분에 다시 맞춥니다.

(5) 아까 말하지 못한 내용을 다시 1분간 말로 설명합니다.

읽기 후
그래픽 조직자

4 민요의 종류와 그 특징을 아래 표에 정리하세요.

민요

빠트리는 것이 없도
록 하나하나 체크하
면서 쓰세요.

5 ㉠, ㉡, ㉢에 들어갈 단어로 알맞은 것을 고르세요. (   )

① 농부, 어부, 남성

② 어부, 여성, 농부

③ 어부, 남성, 농부

④ 농부, 어부, 여성

⑤ 농부, 여성, 어부

6 다음 지시에 따라 읽은 내용을 적용해 보세요.

(1) 여러분이 알고 있거나 학교에서 배운 민요를 생각해 보세요.

(2) 그 민요의 종류는 무엇이라고 생각하나요?

(3) 민요의 제목과 종류를 쓰세요.

	민요 제목	민요 종류
1	아리랑	통속 민요
2		
3		
4		

81 맛 좀 볼래?

과학 기술 · 설명문

읽기 전
배경지식

1 다음 맛이 나는 음식을 쓰세요.

신맛	
쓴맛	
매운맛	
단맛	
짠맛	

읽기 중
유창성

2 글쓴이의 상황에 맞는 목소리로 지문을 읽은 후 스스로 평가해 보세요.

뉴스라고 생각하고 읽어 보세요.

글쓴이의 상황

이 글은 맛에 관해 전문적인 지식을 알려주는 글입니다. 사실을 전하는 글인 만큼 진지하고 정확한 소리로 말하듯 읽어야 합니다.

	잘함	보통	부족
말하듯 읽었다.			
진지하게 읽었다.			
정확한 소리로 읽었다.			

맛 좀 볼래?

1문단 신맛, 쓴맛, 매운맛, 단맛, 짠맛은 사람들이 맛에 대해 말할 때 주로 언급하는 맛이에요. 그런데 맛 중에는 주로 고기나 해산물을 삶은 육수[1]나 치즈 등에서 느낄 수 있는 감칠맛도 있어요. 감칠맛을 사전에서 찾아보면 음식물이 입에 당기는 맛, 식욕[2]을 돋우는 좋은 맛, 맛깔스러운[3] 맛이라고 설명되어 있어요. 분명히 사람들이 느끼는 맛이지만 정확히 설명하기 힘들어요. 감칠맛은 여러 기본 맛이 잘 조합되었을 때 느낄 수 있는 맛이라는 주장도 있어요.

2문단 감칠맛의 비밀을 처음 알아낸 건 1908년 일본의 과학자 이케다 기쿠나에 교수예요. 그는 다시마 국물의 감칠맛이 글루타메이트의 맛이라는 것을 알아냈어요. 글루타메이트는 단백질인 아미노산의 한 종류로, 결국 감칠맛은 단백질의 맛인 셈이었지요. 하지만 그 후로도 오랫동안 기존의 맛과 다른 하나의 맛으로 완전히 인정받지는 못했어요.

3문단 감칠맛이 다른 맛과 구별되는 완전히 새로운 맛이라는 증거는 한참 후에 발견되었어요. 2002년 2월, 미국 마이애미 대학교의 연구자들이 혀에서 글루타메이트만 받아들여 감칠맛을 느끼는 수용체를 찾았어요. 즉 다른 기본 맛처럼 혀에서 이 감칠맛만 따로 느낀다는 사실을 과학적으로 밝힌 거예요. 과학자들은 단백질이 우리 몸에 매우 필요한 성분이고, 이를 감지하기 위해 혀에서 감칠맛 수용체가 발달되었다고 짐작해요.

주목할 어휘
1 **육수** | 고기를 삶아 낸 물
2 **식욕** | 음식을 먹고 싶어하는 욕망
3 **맛깔스럽다** | 입에 당길 만큼 음식의 맛이 있다

3 다음 지시에 따라 내용을 설명해 보세요.

(1) 타이머를 1분에 맞춥니다.

(2) 지문에서 기억나는 내용을 1분간 말로 설명합니다.

(3) 지문을 다시 읽습니다.

(4) 타이머를 1분에 다시 맞춥니다.

(5) 아까 말하지 못한 내용을 다시 1분간 말로 설명합니다.

4 다음 지시에 따라 주어진 문장을 2문장으로 나누어 보세요.

(1) 하나의 긴 문장은 2개 이상의 문장으로 나누어지기도 합니다.

(2) 다음 문장 역시 2문장으로 나누어집니다.

단순히 문장의
가운데를 나누면
안되고 말이 되도록
해야 합니다.

백두산 깊은 곳에는 사람을 여러 명 잡아먹어 포상금이 걸려 있는 호랑이가 살고 있다.

백두산 깊은 곳에 호랑이가 살고 있다.　　　　　　그 호랑이는 사람을 여러 명 잡아먹어 포상금이 걸려 있다.

(3) 다음 문장을 2문장으로 나누어 보세요.

그런데 맛 중에는 주로 고기나 해산물을 삶은 육수나 치즈 등에서 느낄 수 있는 감칠맛도 있어요.

↓　　　　　　　　　　↓

5 다음 중 지문에서 말한 내용과 같은 것을 고르세요. (   )

① 미국 마이애미 대학교의 연구자들이 감칠맛이 글루타메이트의 맛이라는 사실을 처음으로 알아냈다.

② 일본의 과학자 이케다 기쿠나에 교수의 연구로 인해 감칠맛이 완전히 새로운 맛으로 인정받게 되었다.

③ 감칠맛은 야채를 삶은 국물에서 주로 느낄 수 있다.

④ 어떤 사람들은 감칠맛을 여러 기본 맛이 잘 조합된 맛이라고 생각했다.

⑤ 우리의 혀는 감칠맛을 따로 느끼지 못한다.

6 다음 지시에 따라 질문을 만들어 보세요.

(1) '맛'을 이용한 질문을 3가지 이상 만들어 보세요.

(2) 지문에 답이 있는 질문을 만들 수 있습니다.

(3) 지문에 답이 없지만 내가 궁금한 것을 물어볼 수도 있습니다.

질문 1. 감칠맛을 잘 내려면 어떻게 해야 할까?

질문 2. 감칠맛은   ?

질문 3.   ?

질문 4.   ?

바보 의사 장기려

인문 사회 전기문

읽기 전
이해 전략

바보는 보통 나쁜 뜻으로 쓰이지만 가끔 좋은 뜻으로 쓰이기도 합니다.

1 다음 지시에 따라 글의 내용을 예측하여 봅시다.

(1) 이번 지문의 제목은 바보 의사 장기려입니다.

(2) 왜 의사에게 바보라고 했을까요?

(3) 그 이유를 상상하여 글로 써보세요.

....

....

....

....

....

읽기 중
유창성

2 다음 지시에 따라 지문을 읽어 보세요.

(1) 처음 보는 단어는 빠르게 읽으면 정확하게 읽기 어렵습니다.

(2) 이럴 때는 잠시 멈춰서 한 글자씩 천천히 읽어야 합니다.

(3) 지문을 읽다 처음 보는 단어가 나오면 ○표 하세요.

(4) 한 글자 한 글자 천천히 정확히 읽으세요.

바보 의사 장기려

1문단   장기려 박사는 1911년에 평안북도에서 태어났어요. 어릴 때부터 의사가 꿈이었던 장기려 박사는 경성의학전문학교를 졸업해 의사가 된 후 평양의대와 김일성 종합대학에서 외과 교수로 일했어요.

2문단   6·25 전쟁이 일어난 1950년, 장기려 박사는 둘째 아들과 함께 먼저 남으로 내려왔어요. 함께 출발하지 못한 아내와 5남매도 곧바로 따라 내려와 남에서 만날 것이라고 생각했지요. 하지만 남과 북 사이에 휴전선이 생기면서, 장기려 박사는 북의 가족들을 다시는 만나지 못하게 되었어요.

3문단   장기려 박사는 피난민[1]이 가득한 부산에서 천막[2]을 치고 복음병원을 세웠어요. 수술비가 없는 환자는 자신의 돈으로 수술해 주었어요. 그마저도 못하게 되면, 병원비를 낼 수 없는 환자가 몰래 도망가도록 밤에 문을 열어 주기도 했지요. 하루에 200명이 넘는 환자를 정성껏 치료하면서, 한국에서 처음으로 하는 어려운 외과 수술들도 성공해 내는 뛰어난 의사였어요.

4문단   병원이 점점 커지면서 더 이상 무료 진료를 할 수 없게 되자, 박사는 1968년에 청십자 의료보험조합을 만들었어요. 이것은 이후 1977년에 생긴 우리나라 의료보험의 밑거름[3]이 되었어요.

5문단   장기려 박사는 평생 자신의 집도 없이 복음병원의 작은 옥탑방에서 지내며, 가난하고 아픈 환자들을 돌보았어요. 북에 두고 온 아내와 자녀들을 그리워하며, 재혼도 하지 않고 혼자 살았지요. 그러다가 1995년 성탄절에 세상을 떠났어요. 오늘날에도 사람들은 장기려 박사를 바보 의사, 작은 예수라는 별명으로 부르며 존경한답니다.

주목할 어휘 **1 피난민** | 재난을 피하여 가는 백성

2 천막 | 비바람이나 햇빛을 가리기 위하여 천을 씌워 지어 놓은 것

3 밑거름 | 어떤 일을 이루는 데 기초가 되는 요인

3 다음 지시에 따라 어휘를 학습하세요.

잘 모르는 어려운 단어를 여러분이 아는 단어로 바꿔 보세요.

(1) 글을 읽다가 모르는 단어를 만나면 우선 그 뜻을 짐작해 봅니다.

(2) 뜻을 더 정확하게 알고 싶으면 사전에서 찾아보세요.

(3) 국어사전 혹은 스마트폰을 준비하세요.

(4) 다음 단어의 뜻을 사전에서 찾아 쓰세요.

단어	뜻
외과 수술	
의료 보험	상해나 질병에 대하여 의료의 보장 또는 의료비의 부담을 목적으로 하는 사회 보험
재혼	

(5) 사전에서 찾은 뜻은 바로 이해되지 않는 경우가 많습니다.

(6) 그럴 때는 그 뜻을 스스로 생각해 보아야 합니다.

(7) 앞에서 찾은 단어의 뜻이 무슨 말인지 여러분의 말로 설명해 보세요.

단어	나의 설명
외과 수술	
의료 보험	아플 때 적은 돈으로 치료받을 수 있도록 하는 것
재혼	

4 다음 지시에 따라 장기려 박사의 삶을 요약해 보세요.

(1) 장기려 박사의 삶에서 빠뜨리면 안 되는 정보를 찾아보세요.

(2) 총 5개를 골라 밑줄을 긋고 번호를 매기세요.

(3) 찾은 정보보다 더 중요한 내용은 없는지 다시 한번 글을 읽어 보세요.

(4) 더 중요한 정보가 있다면 바꾸고, 없다면 아래에 정리하세요.

(5) 동생에게 설명한다고 생각하고 쉬운 말로 바꾸어 쓰세요.

•

5 장기려 박사의 삶에 대해 여러분의 생각과 느낌을 글로 쓰세요.

83 신재생 에너지

1 다음 3개의 지식에 대해 여러분이 얼마나 알고 있는지 스스로 평가해 보세요.

	나는 이것에 대해 전혀 모릅니다.	나는 이것에 대해 들어본 적이 있습니다.	나는 이것을 설명할 수 있습니다.
신재생 에너지			
태양열 에너지			
지열 에너지			

2 다음 지시에 따라 지문을 읽어 보세요.

(1) 긴 글을 처음부터 끝까지 한 번에 읽으면 내용이 잘 기억나지 않을 때가 많습니다.

(2) 이럴 때는 문단마다 어떤 내용이었는지 정리하면서 읽으면 좋습니다.

(3) 한 문단을 읽을 때마다 읽기를 멈추고 어떤 내용인지 설명해 봅니다.

(4) 전체를 다 읽은 후 다시 한번 전체 내용을 설명해 봅니다.

신재생 에너지

1문단 사람은 살아가면서 많은 에너지를 사용해요. TV를 볼 때, 요리를 할 때, 차를 타고 이동할 때 모두 에너지를 사용하지요. 문제는 이런 에너지를 만드는 과정에서 환경을 파괴하는 경우가 많다는 겁니다. 그래서 환경을 파괴하지 않는 에너지에 대한 관심이 높아지고 있어요.

2문단 대표적인 것이 바로 신재생 에너지예요. 신재생 에너지는 신에너지와 재생에너지가 합쳐진 말이에요. 신에너지는 석탄과 석유를 대신할 새로운 에너지를 뜻해요. 수소와 산소를 반응[1]시켜 전기를 만드는 연료 전지, 물을 분해해서 얻는 수소를 이용한 수소 에너지 등이 있어요. 재생 에너지는 다시 사용할 수 있는 에너지로 풍력, 태양열, 지열, 조류 에너지 등이 있어요.

3문단 각 국가별로 그곳의 자연환경에 가장 유리한 발전 방식을 선택해서 개발[2] 중이에요. 예를 들어 화산활동이 활발한 아이슬란드는 난방[3]의 90% 정도를 지열 에너지에 의존하고 있지요. 인도의 경우 맑은 날이 일 년에 300일 가까이 되어 태양열 에너지가 많이 발전했어요. 집이나 농장을 지을 때 태양 전지판을 지붕에 설치해 사용합니다.

4문단 이런 신재생 에너지는 처음 개발할 때 돈이 많이 들고, 들인 돈에 비해 생산하는 에너지의 양이 적어요. 하지만 이런 단점에도 불구하고 오염 물질이나 이산화탄소 배출이 적다는 장점이 커서 사람들이 더욱더 열심히 개발 중이에요.

주목할 어휘 1 **반응** | 자극에 대응하여 어떤 현상이 일어남
2 **개발** | 토지나 천연자원 따위를 유용하게 만듦
3 **난방** | 실내의 온도를 높여 따뜻하게 하는 일

읽기 후
어휘

신에너지를 설명한
문장 안에서 찾아
보세요.

3 **다음 지시에 따라 어휘를 학습해 보세요.**

(1) 다음 문장을 다시 읽어 보세요.

> **신에너지는 석탄과 석유를 대신할 새로운 에너지를 뜻해요.**

(2) 위 문장으로 볼 때 신에너지에서 '신'은 무슨 뜻일까요?

....

(3) 다음 중 신에너지의 '신'과 같은 의미로 '신'이 사용된 단어를 고르세요.
(   )

① 신발   ② 신제품   ③ 신뢰   ④ 신체   ⑤ 산신령

읽기 후
그래픽 조직자

4 **신재생 에너지를 다음 표로 정리해 보세요.**

신재생 에너지

신에너지   ❶

연료 전지

수소 에너지   ❷

읽기 후
독해

5 윗글에 담긴 내용이 <u>아닌</u> 것을 고르세요. (   )

① 신재생 에너지가 앞으로 발전해 나갈 모습을 예상하고 있다.

② 신재생 에너지가 가지고 있는 한계를 설명하고 있다.

③ 신재생 에너지의 활용 사례를 제시하고 있다.

④ 신재생 에너지가 무엇인지 둘로 나누어 설명하고 있다.

⑤ 신재생 에너지가 관심받고 있는 이유를 언급하고 있다.

읽기 후
질문

6 이 글을 읽고 할 수 있는 질문으로 옳지 <u>않은</u> 것을 고르세요. (   )

① 유림 - 우리나라에 맞는 신재생 에너지는 무엇일까?

② 지영 - 신재생 에너지를 개발하지 않는다면 어떻게 될까?

③ 현서 - 에너지 드링크의 장점은 무엇일까?

④ 주성 - 조류 에너지가 무엇일까?

⑤ 은희 - 또 다른 신재생 에너지에는 무엇이 있을까?

84 > 어린이는 왜 일하지 못할까?

1 여러분은 나중에 커서 어떤 일을 하고 싶나요? 하고 싶은 일과 그 일을 하고 싶은 이유를 글로 쓰세요.

나는 ....

왜냐하면 ....

....

2 문단마다 하나의 문장을 골라 질문을 만드세요.

문단	문장		질문
1	사람은 누구나 돈이 필요합니다	→	
2	단, 예술 활동을 하는 경우는 예외입니다.	→	
3	어린이와 청소년이 자유롭게 일을 해도 된다고 하면 여러 가지 문제가 생길 수 있답니다.	→	
4	전 세계적으로 14세 미만의 어린이 2억 5천만 명이 노동을 하고 있다고 해요.	→	
5	어린이가 자유롭게 일을 하지 못하게 하는 다른 이유는 어린이들이 쉽게 다칠 수 있기 때문입니다.	→	

지문

어린이는 왜 일하지 못할까?

1문단 사람은 누구나 돈이 필요합니다. 밥도 먹어야 하고 물건도 사야 하기 때문이지요. 어린이들은 이런 돈을 대개 부모님께 받는 용돈으로 해결해요. 왜 어린이들은 직접 일하지 않을까요?

2문단 우리나라 법에 따르면, 만 13세 이하 어린이들은 일을 할 수 없어요. 단, 예술 활동[1]을 하는 경우는 예외입니다. 만 13세 이상부터 만 15세 미만까지는 취직 인허증이 있으면 예술 분야에서 일할 수 있어요. 취직 인허증은 일하는 것을 허락한다는 증명서입니다. 하지만 일이 의무 교육[2]을 방해하지 않아야 하기 때문에 실제로 받기는 어렵다고 해요. 만 15세 이상이 되면 부모님의 동의를 받아 일할 수 있어요. 만 18세 이상부터는 부모님의 동의가 없어도 일할 수 있지요.

3문단 왜 만 18세 미만의 어린이, 청소년은 자유롭게 일하지 못할까요? 혹시 차별은 아닐까요? 사실 이는 모두 어린이와 청소년을 보호하기 위한 법이에요. 어린이와 청소년이 자유롭게 일을 해도 된다고 하면 여러 가지 문제가 생길 수 있답니다.

4문단 우선 나쁜 어른들이 아이들에게 강제로 일을 시킬 수 있어요. 전 세계적으로 14세 미만의 어린이 2억 5천만 명이 노동[3]을 하고 있다고 해요. 이들 대부분은 어른들의 강요 때문에 억지로 일을 하고 있어요. 그래서 이런 일을 막고자 아예 어린이들의 노동을 법으로 금지하는 거예요.

5문단 어린이가 자유롭게 일을 하지 못하게 하는 다른 이유는 어린이들이 쉽게 다칠 수 있기 때문입니다. 왜냐하면

주목할 어휘 1 **예술 활동** | 음악, 미술, 무용 등 예술과 관련된 일을 하는 것
2 **의무 교육** | 모든 아동이 반드시 받아야 하는 교육으로, 현재는 초등학교와 중학교가 의무 교육임
3 **노동** | 몸을 움직여 일을 함

3 다음 지시에 따라 나이대별로 일을 할 수 있는 조건을 찾아보세요.

(1) 2문단에서 나이를 찾아 [   ] 표 합니다.

(2) 그 나이에서 일을 할 수 있는 조건은 밑줄로 긋습니다.

(3) 나이와 조건을 화살표로 연결하세요.

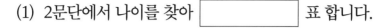

예시 │만 13세 이하│어린이들은 <u>일을 할 수 없어요. 다만 예술 활동을 하는 경우에는 예외입니다.</u>

그래픽 조직자

4 위에서 찾은 내용을 다음의 표에 정리해 보세요.

나이	일을 할 수 있는 조건
만 13세 이하	일을 할 수 없지만, 예술 활동을 하는 경우는 예외이다.
	취직 인허증이 있으면 일할 수 있다.
만 15세 이상	

5 다음 중 이 글에 대한 설명으로 가장 바른 것을 고르세요. (   )

① 돈을 벌 수 있는 방법을 알려 주고 있다.

② 어린이와 청소년은 일을 할 수 없는 이유를 알려 주고 있다.

③ 돈을 버는 것이 왜 중요한지에 대해 말하고 있다.

④ 어른들이 시켜 억지로 일하는 아이들에 대해 말하고 있다.

⑤ 취직 인허증을 받을 수 있는 방법을 설명하고 있다.

6 5문단에서 사라진 내용을 직접 쓰세요. 어린이들은 왜 어른들보다 쉽게 다칠 수 있을까요?

왜 어른은
어린이처럼 다치지
않는지 반대로
생각해 보세요.

어린이가 자유롭게 일을 하지 못하게 하는 이유는 어린이들이 쉽게 다칠 수 있기 때문입니다.

왜냐하면 ....

....

....

....

....

....

....

105

노래로 부르면 기억하기 쉬워요

1 스마트폰으로 다음 QR 코드를 찍어 노래를 불러 봅시다.

한국을 빛낸
100명의 위인들

독도는 우리 땅

2 다음 지시에 따라 지문을 읽으세요.

(1) 글에는 □□로 되어 있는 부분이 있습니다.

(2) □□에 들어갈 말을 생각하며 글을 읽어 보세요.

(3) ①과 ②에 들어갈 단어는 각각 무엇일까요?

❶    ❷

(4) □□의 앞뒤 내용을 통해 추측해야 합니다.

노래로 부르면 기억하기 쉬워요

1문단

♫한국을 빛낸 100명의 위인들♫

아름다운 이 땅에 금수강산에 단군 할아버지가 터 잡으시고

홍익인간[1] 뜻으로 나라 세우니 대대손손 훌륭한 인물도 많아

고구려 세운 동명왕 백제 온조왕 알에서 나온 혁거세

만주 벌판 달려라 광개토대왕 신라 장군 이사부

백결선생 떡방아 삼천 궁녀 의자왕

황산벌의 계백 맞서 싸운 관창 역사는 흐른다

2문단

♫독도는 우리 땅♫

울릉도 동남쪽 뱃길 따라 87K	경상북도 울릉군 울릉읍 독도리
외로운 섬 하나 새들의 고향	동경 132 북위 37
그 누가 아무리 자기네 땅이라 우겨도	평균기온 13도 강수량은 1800
독도는 우리 땅	독도는 우리 땅

3문단

　우리에게 잘 알려진 두 곡의 노랫말[2]입니다. 이 노래들은 무엇보다 중요한 정보를 쉽게 기억하도록 돕습니다. '한국을 빛낸 100명의 위인들'을 따라 부르다 보면 우리 역사에 나오는 중요한 위인들을 자연스럽게 떠올릴 수 있습니다. 또한 '독도는 우리 땅'을 부르다 보면 우리 땅 독도의 ❶ □□에 대해 잘 알 수 있습니다.

4문단

　이렇게 공부해야 할 것을 노래로 만들어 부르면 왜 쉽게 기억할 수 있을까요? 노랫말이 멜로디와 연결되어 기억하기 쉽기 때문이지요. 노랫말을 잊어버렸을 때 멜로디를 흥얼거리다 보면 노랫말이 떠오르게 된답니다. 구구단을 외울 때 일정한 리듬을 이용하는 것도 같은 원리[3]입니다. 앞으로 꼭 기억해야 할 내용이 있다면 ❷ □□에 가사로 붙여 보세요.

주목할 어휘　1 **홍익인간** | 널리 인간을 이롭게 함

2 **노랫말** | 노래에 사용된 글

3 **원리** | 사물의 근본이 되는 이치

3 '한국을 빛낸 100명의 위인들'에 나오는 위인과 인물이 한 일을 연결하세요.

동명왕 •   • 신라 장군

단군 왕검 •   • 고구려 세움

이사부 •   • 알에서 나와 신라를 세움

온조왕 •   • 우리나라의 터를 잡음

혁거세 •   • 백제를 세움

4 다음 독도에 대한 설명 중 옳지 <u>않은</u> 것을 고르세요. (   )

눈에 잘 띄지 않는
부분도 꼼꼼히
찾아 보세요.

① 동경 132도 북위 37도에 있다.

② 평균 기온은 13도 강수량은 180이다.

③ 주소는 경상북도 울릉군 울릉읍 독도리이다.

④ 울릉도에서 동남쪽으로 87km 떨어져 있다.

⑤ 독도는 분명한 우리 땅이다.

5 다음 설명을 읽고 틀린 부분을 보기처럼 고치세요.

독해

보기

'한국을 빛낸 100명의 위인들'을 부르다 보면 ~~외국~~ 우리 위인을 더 잘 기억할 수 있다.

1	'독도는 우리 땅'을 부르다 보면 독도의 가치에 대해 잘 알 수 있다.
2	공부해야 할 것을 노래로 부르면 헷갈리기 쉽다.
3	노랫말을 흥얼거리다 보면 멜로디가 떠오른다.

6 공부할 때 노래를 이용하면 좋다는 사실을 친구에게 편지로 설명해 주세요.

쓰기

지문에 나온 내용을 이용하되, 여러분의 말로 바꾸어 보세요.

.... 야,

외울 것이 있을 때는 ....

왜냐하면 ....

....

....

....

....

과학기술 / 설명문

읽기 전
배경지식

1 여러분은 닭에 대해서 무엇을 알고 있나요? 닭에 대해 알고 있는 내용을 쓰세요.

외모, 성격, 쓰임새 등 최대한 다양한 측면에서 떠올려 보세요.

• ....

....

....

....

읽기 중
이해 전략

2 다음 지시를 모두 읽은 후 하나씩 따라 하세요.

(1) 다음 글을 읽으세요.

글에는 문장과 문장을 연결해 주는 말이 있어요. 예를 들어, '그리고', '그러나', '하지만', '그래서' 등이 있지요. 이런 말을 적절히 쓰면 하고자 하는 말을 좀 더 분명하게 전할 수 있습니다.

(2) 지문에서 문장과 문장을 연결해 주는 말이 나오면 ○표 하세요.

마트에서 산 달걀에서 병아리가 나올까?

1문단
만화영화에서 프라이를 하려고 깬 달걀에서 병아리가 튀어나오는 장면을 볼 수 있어요. 하지만 우리가 흔히 먹는 달걀에서 병아리가 나오는 경우는 거의 없답니다. 왜 그럴까요?

2문단
우선 개나 고양이처럼 새끼에게 젖을 먹여 기르는 동물을 포유류라고 해요. 포유류는 짝짓기를 통해 새끼를 배고 낳아요. 짝짓기를 하면 수컷의 정자[1]와 암컷의 난자[2]가 만나서 수정란[3]이 되고, 그 수정란이 배 속에서 자라 새끼가 되지요. 반면 닭이나 비둘기 같은 새는 조류라고 해요. 조류는 새끼 대신 알을 낳아요. 닭과 같은 조류는 짝짓기 없이도 알을 낳을 수 있어요. 닭은 짝짓기 없이도 1년에 200개가 넘는 알을 낳지요.

3문단
이처럼 수컷과 짝짓기 없이 낳은 알을 무정란이라고 해요. 무정란에서는 절대로 새끼가 나오지 않아요. 새끼가 나오려면 유정란이어야 해요. 유정란은 무정란과 달리 짝짓기를 통해 낳은 알을 뜻해요. 암컷이 적절한 환경에서 유정란을 잘 품으면 새끼가 태어난답니다. 닭은 암컷들만 모여 있어도 1년에 200개가 넘는 알을 낳아요.

4문단
우리가 마트에서 사는 달걀의 대부분은 무정란이에요. 그래서 품어도 병아리가 태어나지 않지요. 가끔 유정란을 팔기도 하는데 그런 경우 잘 품으면 병아리가 깨어 나올 수도 있어요. 유정란이라고 해도 저절로 병아리가 되는 일은 극히 드물답니다. 왜냐하면 병아리가 태어날 수 있는 온도와 기간이 잘 맞춰져야 하기 때문입니다.

주목할 어휘
1 **정자** | 새끼를 낳을 수 있게 만드는 수컷의 세포
2 **난자** | 새끼를 낳을 수 있게 만드는 암컷의 세포
3 **수정란** | 정자와 만나 수정이 된 난자

3 포유류가 새끼를 낳는 과정을 2문단에서 찾아 정리하세요.

짝짓기

⬇

⬇

수정란이 생김

⬇

⬇

새끼가 됨

어휘

4 다음 빈칸을 채우세요.

무정란과 유정란에서 차이는 딱 한 글자 라는 사실을 확인 하세요.

무정란			유정란		
⬇			⬇		
무	정	란			
⬇	⬇	⬇	⬇	⬇	⬇
없을	정자	알			
⬇			⬇		
정자가 없이 생긴 알			정자가 있어 생긴 알		

독해

5 3문단에서 내용과 관련이 없어서 빼도 되는 문장을 고르세요. (   )

비슷한 내용으로
보이지만 주제에서
벗어난 문장을
찾으세요.

ㄱ 이처럼 수컷과 짝짓기 없이 낳은 알을 무정란이라고 해요. ㄴ 무정란에서는 절대로 새끼가 나오지 않아요. ㄷ 새끼가 나오려면 유정란이어야 해요. ㄹ 유정란은 무정란과 달리 짝짓기를 통해 낳은 알을 뜻해요. ㅁ 암컷이 적절한 환경에서 유정란을 잘 품으면 새끼가 태어난답니다. ㅂ 닭은 암컷들만 모여 있어도 1년에 200개가 넘는 알을 낳아요.

이해 전략

6 다음 지시를 모두 읽은 후 하나씩 따라 하세요.

(1) 마트에서 산 달걀에서 병아리가 나올 수 없는 이유는 무엇입니까?

(2) 지문을 보면서 말로 설명해 보세요.

(3) 한 번에 설명하기 힘들다면 하나씩 찾으면서 설명해 보세요.

(4) 설명할 수 있게 되면 부모님이나 다른 사람에게 설명해 보세요.

아기가 태어났어요

1 **다음 지시를 읽은 후 하나씩 따라 하세요.**

(1) 다음 문장을 소리 내어 읽은 후 나의 읽기가 어땠는지 골라 보세요.

> 아기가 아들이면 숯덩이와 빨간 고추를, 딸이면 숯덩이와 솔가지를 새끼
> 줄 사이사이에 꽂아 만들었어요.

- ☐ 말하듯이 부드럽고 끊어짐 없이 자연스럽게 읽었다.
- ☐ 중간에 한 번 이상 멈칫거렸다.
- ☐ 읽는 소리가 어딘가 부자연스럽고 딱딱했다.
- ☐ 너무 빠르게 혹은 너무 느리게 읽었다.

(2) 부족한 점이 있다면 그 부분에 신경 써서 다시 한번 읽어 보세요.

2 **다음 지시에 따라 지문을 읽어 보세요.**

(1) 마음이 급한 친구는 글을 너무 빨리 읽습니다.

(2) 혹은 다른 생각을 하다 읽어야 하는 부분을 놓치기도 합니다.

(3) 이럴 때는 손으로 짚으면서 읽으면 좋습니다.

(4) 읽기를 시작할 부분에 검지 손가락을 올리세요.

(5) 검지 손가락이 나아가는 길을 따라 읽으세요.

(6) 짚은 부분에서 나의 눈이 벗어나지 않게 합니다.

빨리 읽기보다는
말하는 속도로
읽어야 합니다.

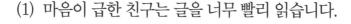

아기가 태어났어요

1문단 옛날 사람들은 집에서 아기를 낳았어요. 아기가 태어나면 삼칠일, 즉 21일 동안 금줄을 쳤습니다. 아기가 아들이면 숯덩이와 빨간 고추를, 딸이면 숯덩이와 솔가지를 새끼줄 사이사이에 꽂아 만들었어요. 금줄은 아이를 낳았으니 가족 외 사람들은 들어오지 말라는 일종의 신호예요. 혹시 다른 사람으로 인해 아기가 전염[1]되는 일을 막기 위해서지요.

2문단 요즘 사람들은 대부분 병원에서 아기를 낳아요. 병원에는 금줄 대신에 신생아실이 있어요. 금줄을 친 이유처럼 가족 아닌 사람이 아기에게 전염시키는 것을 막기 위해서예요. 다만 유리창을 크게 만들어 아기를 만지지는 못해도 볼 수는 있도록 되어 있어요.

3문단 아기가 태어나고 일 년이 되면 돌잔치를 해요. 옛날에는 집에서 돌잔치를 했는데, 돌상에는 백설기와 수수팥떡 등을 만들어 올렸어요. 가족, 친척, 마을 사람들이 모여 덕담[2]을 건네며 축하했지요. 붓, 책, 실타래, 돈 등을 올려 두고 아기가 잡는 물건으로 아기의 앞날을 짐작해 보는 돌잡이도 했어요. 붓이나 책을 들면 공부를 잘하고, 실타래를 잡으면 오래 산다는 등 아기의 앞날에 좋은 일이 펼쳐지길 기대하는 풍습[3]이랍니다.

4문단 오늘날의 돌잔치도 예전과 비슷하지만, 집보다는 식당에서 하는 경우가 많아졌어요. 또 가족, 친지는 물론 부모의 직장 동료 등 더 다양한 손님을 부르기도 하지요. 돌잡이에 올리는 물건도 조금씩 달라졌어요. 청진기, 마이크, 운동 용품 등 요즘 인기 있는 직업과 관련된 물건들을 올리기도 한답니다.

5문단 옛날과 오늘날, 아기의 출생과 돌잔치의 모습은 조금씩 달라졌어요. 하지만 아기의 탄생을 축하하고 보호하려는 그 마음은 예나 지금이나 똑같답니다.

주목할 어휘 1 **전염** | 병이 남에게 옮음

2 **덕담** | 남이 잘되기를 비는 말

3 **풍습** | 풍속과 습관을 아울러 이르는 말

3 다음 지시에 따라 금줄의 모습을 그려 보세요.

(1) 1문단에서 금줄의 모습에 대한 설명을 다시 읽어 보세요.

(2) 다음 그림을 참고하여 금줄의 모습을 그려 보세요.

새끼줄

숯덩이   빨간 고추   솔가지

남자 아기 금줄	
여자 아기 금줄	

4 다음 지시를 모두 읽은 후 하나씩 따라 하세요.

(1) 요즘은 금줄 대신에 무엇이 있는지 ㉠에 쓰세요.

(2) 금줄과 ㉠의 목적을 ㉡에 쓰세요.

금줄과 ㉠의
공통점을 생각해
보세요.

| 옛날 | 요즘 |
| 금줄 | ㉠ |

목적

 ㉡

읽기 후
어휘

5 **다음 지시를 하나씩 읽으며 따라 하세요.**

(1) 다음을 읽으세요.

전염 = 전할 전(傳) + 물들 염(染)

병이 한 사람에게서 다른 사람에게로 물들 듯 전해져 옮는다

'전할 전'이 아닌
'온전할 전'이 쓰인
단어를 찾아 보세요.

(2) 다음 중 전할 전(傳)이 사용된 단어를 찾아 ○표 하세요.

전달   안전   전체   전파

(3) 뜻을 모르는 단어는 사전에서 찾아보세요.

읽기 후
독해

6 **다음 중 지문의 주제로 가장 적합한 것은 무엇일까요? (   )**

① 옛날과 오늘날의 돌잔치   ② 아기의 출생과 돌잔치 모습의 변화

주제는 글 전체에서
가장 중심이 되는
문제를 뜻합니다.

③ 옛날 사람들이 금줄을 친 이유   ④ 돌잡이의 모습이 변한 이유

⑤ 아기의 출생

88 탄소 발자국을 줄이면 지구가 살아나요

과학 기술 논설문

읽기 전
이해 전략

1 다음 지시에 따라 지문을 살펴보세요.

(1) 스마트폰 등의 타이머를 10초에 맞춥니다.

(2) 주어진 10초간 지문을 빠르게 살펴봅니다.

(3) 자세히 읽는 것이 아니라 매우 간단하게 살펴보는 겁니다.

(4) 타이머가 울리면 살펴본 것 중에서 기억나는 것을 아래에 쓰세요.

읽기 중
이해 전략

2 다음 지시에 따라 읽기 목적을 세우고 지문을 읽어 보세요.

(1) 글을 읽을 때 목적을 가지고 읽을 수 있습니다.

(2) 이번 지문에서는 탄소 발자국을 줄이는 방법을 알고자 합니다.

(3) 탄소 발자국을 줄이는 방법이 나오면 밑줄을 긋고 번호를 매기세요.

> 예 마지막으로 ❶ 줄을 튕겨서 소리를 내는 현악기가 있어요.

탄소 발자국을 줄이면 지구가 살아나요

1문단 이상기후[1]로 인해 지구가 몸살을 앓고 있어요. 지금까지 인류가 경험해 보지 못한 규모의 폭염, 홍수와 가뭄, 큰 산불 등의 재난이 연이어 일어나고 있습니다. 이런 이상기후를 막기 위해서는 우선 탄소 발자국을 줄여야 합니다.

2문단 탄소 발자국은 우리가 살면서 만들어 내는 이산화탄소의 양을 말해요. 이산화탄소는 이상기후를 일으키는 중요한 원인 중 하나인데요. 탄소 발자국이 크다는 것은 이산화탄소를 많이 내보내 그만큼 환경에 악영향[2]을 준다는 뜻입니다. 어린이들이 탄소 발자국을 줄이기 위해 생활 속에서 실천할 수 있는 방법은 다음과 같습니다.

3문단 우선 전기나 석유 같은 자원[3] 사용량을 줄여야 해요. 전기 사용량을 줄이기 위해서는 쓰지 않는 전기 제품은 바로바로 끄는 게 좋아요. 에어컨 대신 선풍기처럼 전기 사용량이 적은 제품을 쓰는 방법도 있습니다. 석유 사용량을 줄이기 위해서는 가까운 거리는 자가용 대신 걷거나 자전거를 탈 수 있습니다. 먼 거리라면 지하철이나 버스 같은 대중교통을 이용할 수도 있고요.

4문단 탄소를 덜 배출하는 식재료를 선택하는 방법도 있습니다. 먼저 고기를 적게 먹는 게 좋습니다. 야채 섭취량을 늘린다면 동물을 기르는 과정에서 발생하는 탄소를 줄일 수 있어요. 외국 식품이나 냉동식품보다 우리 지역의 제철 농산물을 먹는 것도 하나의 방법입니다. 수입한 식재료는 외국에서 오는 동안 그리고 냉동식품을 보관하는 동안 탄소를 많이 배출하게 되기 때문입니다.

주목할 어휘 **1 이상기후** | 기온이나 강수량 따위가 정상적인 상태를 벗어난 상태
2 악영향 | 나쁜 영향
3 자원 | 인간이 사용하는 여러 원료

3 다음 지시에 따라 탄소 발자국 줄이는 방법을 정리해 보세요.

글을 읽은 후 이렇게 내용을 체계적으로 정리하면 기억이 오래 갑니다.

①

②　　　　　　　　**③**

④　　　　**⑤**　　　　**⑥**　　　　**⑦**

⑧　　**⑨**　　**⑩**　　**⑪**　　**⑫**　　**⑬**　　**⑭**

(1) 아래 보기에서 알맞은 답을 골라 빈칸을 채우세요.

(2) **①** ~ **③** 번 보기

ㄱ 자원 사용량 줄이기　　**ㄴ** 식재료 선택 바꾸기　　**ㄷ** 탄소 발자국 줄이기

(3) **④** ~ **⑦** 번 보기

ㄹ 우리 지역 제철 농산물 선택하기　　**ㅁ** 전기 사용량 줄이기　　**ㅂ** 고기 적게 먹기　　**ㅅ** 석유 사용량 줄이기

(4) **⑧** ~ **⑭** 번 보기

ㅇ 전기 사용량이 적은 제품 사용하기　　**ㅈ** 가까운 거리 걷거나 자전거 타기　　**ㅊ** 사용하지 않는 제품 바로 끄기　　**ㅋ** 먼 거리는 대중 교통 이용하기

ㅌ 외국 식품 덜 먹기　　**ㅍ** 야채 섭취량 늘리기　　**ㅎ** 냉동식품 덜 먹기

읽기 후 | **독해**

4 이 글을 읽고 보일 수 있는 반응으로 적절하지 <u>않은</u> 것을 고르세요. (   )

① 지영 - 이상기후로 인해 지구촌에 많은 문제가 발생하고 있어.

② 주성 - 고기를 많이 먹는 것이 환경을 파괴할 수 있다니 놀라워.

③ 은희 - 엘리베이터 대신 걸어 올라가기도 좋을 것 같아.

④ 현서 - 탄소를 발생시키는 다른 원인이 있는지 궁금해.

⑤ 유림 - 이왕이면 외국 제품을 사는 것이 좋겠어.

 읽기 후 | **쓰기**

5 다음 지시에 따라 여러분의 생각을 주장하는 글을 쓰세요.

(1) 탄소 발자국을 줄이는 방법 중 가장 중요한 것은 무엇이라고 생각하나요?

....

(2) 그 방법이 가장 중요다고 생각하는 이유는 무엇인가요?

....

(3) 그 방법을 실천하자고 주장하는 글을 쓰세요(5문장 이상).

....

....

....

....

....

말랄라 유사프자이

읽기 전
배경지식

1 다음 지시에 따라 문제를 해결하세요.

맞고 틀리는 것보다
내 생각을 갖고
예상해 보는 활동 그
자체가 중요합니다.

(1) 다음을 읽고 내용이 진실인지 거짓인지 골라 보세요.

내용	진실	거짓
여자는 교육을 받지 못하게 하는 단체가 있다.		
머리에 총을 맞고도 살아날 수 있다.		
노벨 평화상을 받은 가장 어린 사람의 나이는 21살이다.		

(2) 지문을 읽으며 위 내용이 사실인지 확인해 보세요.

읽기 중
질문

2 각 문단을 읽고 생기는 질문을 쓰세요.

(1) 1문단 질문:

(2) 2문단 질문:

(3) 3문단 질문:

(4) 4문단 질문:

(5) 5문단 질문:

말랄라 유사프자이

1문단 말랄라 언니에게.

저는 대한민국에 사는 다은이라고 해요. 언니에 대한 글을 읽고 크게 감명[1]을 받아 이렇게 편지를 써요.

2문단 언니가 태어난 파키스탄에서는 탈레반이라는 단체가 여자는 교육을 받지 못하게 한다면서요? 그런데 언니는 여자도 교육받을 권리가 있다는 걸 주장하고, 11살에는 영국 BBC 방송국에 탈레반 때문에 차별받는 여자들에 관한 글도 연재[2]했다지요. 어린 나이에 그런 생각과 행동을 했다는 게 정말 대단해요.

3문단 학교 가는 버스에 언니를 찾는 탈레반 병사가 올라탔을 때는 어떤 기분이었어요? 병사가 옥박지르는데도[3] 다른 여학생이 피해를 입을까 봐 먼저 떳떳하게 그 앞에서 자신을 밝혔다고 들었어요. 어떻게 그렇게 할 수 있었지요? 저라면 너무 무서워서 아무 말도 못했을 거예요. 정말 용감했다고 생각해요.

4문단 언니는 머리에 총을 맞아 심하게 다치고도 기적적으로 살아났어요. 그런 일을 겪고도 더욱 열심히 여성 교육 운동을 이어 나간다니 너무 놀라워요. 언니가 이런 말을 했지요. '총알로 우리 입을 막을 수 없다.', '책과 펜이 가장 강한 무기다.' 저는 그 말이 무척 마음에 남아요. 언니가 책을 읽고 펜으로 글을 써서 방송국에 보낸 것처럼 많은 사람들이 책과 펜을 무기 삼아 세상을 바꿀 수 있을 거예요.

5문단 17살에 최연소로 노벨 평화상을 받은 언니. 앞으로도 계속해서 아무도 차별받지 않고 교육받을 수 있도록 노력해 주세요. 저 역시 모두가 평등하고 자유롭게 살아가는 세상이 되도록 노력을 보탤게요. 아직 어린 나도 뭔가 할 수 있다는 것을 언니를 통해 배웠어요. 언제나 힘내세요, 언니!

대한민국에서 다은이 드림.

주목할 어휘　1 **감명** | 감격하여 마음에 깊이 새김

2 **연재** | 신문이나 잡지 따위에 글을 계속하여 실음

3 **옥박지르다** | 심하게 짓눌러 기를 꺾음

3 다음을 보고 최연소의 뜻을 짐작해 보세요.

(1) 문장

최연소로 새로운 문장도 하나 만들어 보세요.

17살에 최연소로 노벨 평화상을 받은 언니.

(2) 한자

단어	한자	의미	사용된 단어
최	最	가장	최고, 최선
연	年	해, 년, 나이	학년, 청년
소	少	적을	소년, 감소

최연소의 뜻: ....

4 다음 중 말랄라가 한 일이 <u>아닌</u> 것을 고르세요. ( )

① 영국 BBC 방송국에 글을 연재했다.

② '책과 펜이 가장 강한 무기다'라는 말을 했다.

③ 최연소로 노벨 평화상을 받았다.

④ 여자가 교육받는 것에 반대했다.

⑤ 머리에 총을 맞았지만 기적적으로 살아났다.

5 편지를 요약한 다음 글을 읽으면서 빈칸을 채워 보세요.

> 파키스탄에서 ❶ □□□ 이라는 단체는 여자는 교육을 받지 못하게 하였다. 말랄라는 이에 저항하여 자신의 의견을 밝히고 방송국에 글도 ❷ □□ 하였다. 말랄라는 머리에 총을 맞고도 기적적으로 살아나 계속해서 ❸ □□ □□ □□ 을 이어가고 있다. 17살에 최연소로 노벨 평화상을 받았다.

❶ .... ❷ .... ❸ ....

6 다음 지시에 따라 글을 쓰세요.

(1) 여자는 교육을 못 받게 하는 것에 대해 어떻게 생각하나요?

(2) 많은 사람이 읽을 수 있도록 신문에 여러분의 생각을 표현해 보세요.

사리 입은 수녀, 마더 테레사

 읽기 전
배경지식

1 다음 지식을 여러분이 얼마나 알고 있는지 스스로 평가해 보세요.

	사리	수녀	마더 테레사
전혀 모릅니다			
들어본 적 있습니다			
설명할 수 있습니다			

 읽기 중
이해 전략

테레사 수녀가 각각
몇 살 때 그 일을
했는지 생각하며
읽어 봅시다.

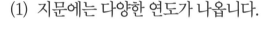

2 다음 지시에 따라 지문을 읽으세요.

(1) 지문에는 다양한 연도가 나옵니다.

(2) 나오는 연도에 모두 ○표 합니다.

(3) 그해 테레사 수녀의 나이를 계산해서 구해서 연도 옆에 씁니다.

(4) 나이를 구하는 방법은 '해당 연도 -10'입니다.

(5) 예를 들어 1920년에 테레사 수녀의 나이는 20-10으로 만 10살입니다.

(6) 왜냐하면 테레사 수녀가 1910년에 태어났기 때문입니다.

사리 입은 수녀, 마더 테레사

1문단 마더 테레사의 본명은 아녜즈 곤제 보야지우로, 1910년 북마케도니아의 스코페에서 태어났다. 1928년에 수녀[1]회에 들어가 테레사라는 이름을 받았다. 1946년 어느 날, 테레사 수녀는 기차 안에서 가난한 사람을 돌보라는 신의 목소리를 들었다. 그 후 그녀는 검은 수녀복을 벗고 흰 사리를 입은 후 콜카타 빈민가[2]로 향했다. 사리는 인도의 전통 의상으로, 그중 흰 사리는 가장 낮고 가난한 여자들이 입는 옷이었다.

2문단 1952년에 '죽어가는 사람들의 집'을 만들어 죽음이 다가온 사람들을 돌보기 시작했다. 이때 인도의 힌두교도들은 카톨릭 교회에서 선교[3] 활동을 하려는 것이라고 생각해서 반대 시위를 벌였다. 그러나 테레사 수녀는 자신을 오해하고 비방하는 사람들에 굴하지 않고, 묵묵히 가난하고 아픈 사람들을 도왔다. 그녀는 '동물처럼 살던 사람들이 사랑받고 천사처럼 죽는 곳'을 만들기 위해 노력했다.

3문단 1955년에는 '버려진 아이들의 집'을 지어 고아들도 보살폈다. 결국 힌두교도들과 인도 정부까지 그동안 의심했던 외국인 수녀의 활동을 인정하게 되었고, 사람들은 그녀를 '마더 테레사'라고 부르기 시작했다. 마더는 수녀원장에게 붙이는 호칭이자 어머니라는 뜻이다. 테레사 수녀는 1979년에 노벨 평화상을 받았는데, 상금은 모두 가난한 사람을 위해 썼다.

4문단 1997년에 세상을 떠난 마더 테레사는 '우리 모두가 위대한 일을 할 수 있는 것은 아니다. 그러나 우리는 큰 사랑으로 작은 일을 할 수 있다'는 명언을 남겼다. 마더 테레사도 어쩌면 그저 사랑으로 작은 일들을 시작한 걸지도 모른다. 그러나 일생을 바쳐 큰 사랑을 실천함으로써 결국 위대한 일을 한 것이 아닐까.

주목할 어휘
1 **수녀** | 가톨릭에 소속되어 결혼하지 않고 수도하는 여자
2 **빈민가** | 가난한 사람들이 모여 사는 거리
3 **선교** | 종교를 선전하여 널리 폄

3 다음 예시를 보고 주어진 단어의 뜻을 쓰세요.

본		명		본명
본래 본	+	이름 명	=	본래의 이름 진짜 이름

가		명		가명
거짓 가	+	이름 명	=	

죄		명		죄명
허물 죄	+	이름 명	=	

4 다음 지시에 따라 주어진 단어를 한 문장으로 설명해 보세요.

(1) 아래 단어를 가장 잘 설명하는 부분을 지문에서 찾아 밑줄 그으세요.

배운 것을 계속 해서
나의 말로 바꿔 봐야
합니다.

사리   수녀   마더 테레사

(2) 찾은 내용을 그대로 쓰지 말고 여러분의 말로 조금 바꾸어 쓰세요.

단어	책에서 찾은 표현		나의 표현
사리	인도의 전통 의상	➡	인도에서 예전부터 입던 옷
수녀		➡	
마더 테레사		➡	

5 테레사 수녀의 일생을 다음 표에 정리하세요.

연도(년)	나이(세)	한 일
1910	0	북마케도니아의 스코페에서 태어남
		수녀회에 들어가 테레사라는 이름을 받음
	36	
1952		
		'버려진 아이들의 집'을 지어 고아들을 보살핌
1979		
		세상을 떠남

6 의견에 적절한 근거를 찾아 쓰세요.

의견	근거
수녀원에서는 본명 이외 다른 이름을 쓴다.	
테레사 수녀는 겸손한 태도로 살았다.	
테레사 수녀는 돈에 욕심이 없다.	
묵묵히 올바르게 행동하면 사람들은 결국 믿어주기 마련이다.	

61 우주는 어떻게 탄생했을까?

3 ①

4

빅뱅 이론

↓

우주는 대폭발 에 의해 만들어졌다.

↓

우주는 풍선이 커지듯 팽창해서 지금의 크기가 되었다.

5 풍선에 바람을 불어 넣음
점들처럼 은하가 서로 멀어짐

6 · 우주 밖에는 무엇이 있을까?
· 처음에 우주는 어떻게 생겼을까?
· 우주에 최초로 나간 사람은 누구일까?
· 우주에는 다른 생명체가 있을까?

62 국민의 권리와 의무

3

국민의 권리	국민의 의무
· 자유권	· 국방의 의무
· 평등권	· 납세의 의무
· 사회권	· 교육의 의무
· 청구권	· 근로의 의무
· 참정권	· 환경 보전의 의무

4 청구권
평등권
참정권
사회권
자유권

5 납세의 의무
환경 보전의 의무
교육의 의무
국방의 의무
근로의 의무

6 나는 근로의 의무가 가장 중요하다고 생각한다. 왜냐하면 우리가 밥을 먹고 살 수 있는 것은 엄마, 아빠가 열심히 일하기 때문이다. 만약 근로의 의무가 없어 일하지 않는다면, 우리 모두 굶어 죽게 될 것이다.

63 바코드와 큐알 코드

3 크고 강한 나라
다른 나라보다 앞선 나라

4 (1) ①
(2) 광학 스캐너로 이 바코드를 찍으면 ❶ 물건의 생산국, ❷ 제조 업체, ❸ 상품 종류, ❹ 유통 경로, ❺ 가격 등의 정보를 모두 알 수 있지요.
(3) ②

5   바코드 - 바로 된 코드이다. 광학 스캐너로 찍는다.

공통점 - 정보를 알 수 있다.

큐알 코드 - 가로, 세로에 모두 정보를 담고 있다. 담을 수 있는 정보가 100배 정도 많다. 인터넷 주소, 사진, 동영상 정보도 담을 수 있다. 스마트폰으로 읽을 수 있다.

6   바코드는 위아래가 하나의 선이라 위와 아래의 차이가 없다. 오직 왼쪽, 오른쪽밖에 없다. 반면 큐알 코드는 위와 아래가 다르다. 위와 아래는 물론 좌와 우로도 정보를 담을 수 있다.

64   남극과 북극

3   (1) 2문단

(4) 남극은 ❶평균 2,000미터가 넘는 두께의 얼음으로 덮여 있어요. ❷남극 전체의 98%가 얼음인데 세계 얼음의 무려 75%가 남극에 있다고 합니다. 거대한 빙산과도 같은 남극의 ❸평균 기온은 영하 55도에 달한답니다. ❹일 년 내내 얼음과 눈으로 덮여 있어 이곳에는 동식물이 거의 존재하지 않아요. ❺원주민은 없고 남극을 연구하러 찾은 대원들과 펭귄, 고래, 바다표범 등 추위에 적응한 소수의 동물들만 살아가는 곳이에요.

4   (1) 남극은 얼음이 많아 햇빛을 반사하지만, 북극은 바다가 많아 햇빛을 흡수하기 때문입니다.

(2)

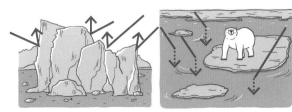

5   ① 덜 춥습니다.

② 남극은 추워서 동식물과 원주민이 없다고 했는데, 북극에는 원주민이 있으니까요.

65   올림픽은 어떻게 시작됐을까?

1   ②

3   하계: 여름, 동계: 겨울

4   (1) ⑤

(2) 올림픽은 전쟁 기간을 제외하고 4년에 한 번씩 열렸다.

5

옛날 그리스에서 신을 기리기 위해 시작되었다.

↓

하지만 그리스가 다른 나라의 지배를 받게 되면서 없어졌다.

↓

프랑스 교육가 쿠베르탱의 노력으로 다시 열리게 되었다.

↓

제1회 대회는 규모가 매우 작았다.

↓

현재는   200개 이상의 나라가 참여하는 세계적인 스포츠 축제가 되었다.

6   펜싱 경기를 할 때 우리나라 선수가 크게 뒤지고 있었어. 이기기 어렵다고 생각했지. 하지만 우리나라 선수는 계속해서 '할 수 있다'라고 말했어. 말이 씨가 된다는 속담처럼 그 선수는 정말 역전을 해냈어. 지금까지도 그때가 기억에 남아.

66 공룡 뼈의 나이를 알아내는 법

1

	나이를 알아내는 법
사람	주민등록증을 확인한다.
라면	제조연월일을 확인한다.
나무	나이테를 확인한다.
공룡 뼈	화석을 조사한다.

3
① 비율
② 전시물
③ 탄소연대측정법
④ 전시, 기체, 유물
⑤ 시기
⑥ 비율, 기체

4

탄소연대측정법
↓
공기 중에 탄소가 있음
↓
탄소에는 <u>C12, C13, C14</u> 가 있음
↓

C12, C13 은 시간이 지나도 줄어들지 않음	C14는 <u>시간이 흐르면서</u> <u>일정한 속도로 줄어듦</u>

↓
남아있는 C12, C13, C14의 양을 <u>비교</u> 하여 나이를 측정함

5 ④

6 (1) · 탄소연대측정법을 처음 발견한 사람은 누구일까?

· 왜 시간이 지나면 C12, C13은 변하지 않는데 C14만 양이 줄어들까?
· 죽은 동물의 나이를 왜 알아야 할까?
(2) 죽은 동물의 나이를 알면 우리 지구의 역사를 알 수 있습니다. 지금은 멸종된 동물들이 언제 죽었는지를 통해 과거에 어떤 동물이 살았고 지구의 환경이 어땠는지 알 수 있습니다.

67 더 이상 뚜렷하지 않은 사계절

1
기후변화에 대해 말하려고 하는 것 같습니다. 기후가 변하면서 여름뿐 아니라 봄, 가을, 겨울 모두 더워지고 있습니다. 그래서 이제 우리나라는 사계절이 뚜렷하지 않습니다. 작가는 이런 기후변화에 대해 이야기할 것 같습니다.

2
(2) 1
(3) 3
(4) 2
(5) 4

3 (3) 사람이 만든

4
(2) 바나나, 아열대, 망고
(3) 아열대 지역에서 많이 기르던 바나나, 망고 같은 과일을 기를 수 있는 면적은 점점 늘어나고 있어요.

5
기후, 되풀이되는 평균적인 날씨, 자연적 요인, 인위적 요인, 온대기후, 아열대기후, 자연재해, 대비할 필요

6 ②

68 조선의 해시계, 앙부일구

3 정의 - 눈에 보이지 않는 것을 눈에 보이도록 대신 나타내 주는 것

예시 - 하트, V

예가 아닌 것 - 슬픔, 안전

4 ① 해시계 ② 여름 절기 ③ 절기선 ④ 시각선

5 ① 영침 ② 여름 절기 ③ 절기선 ④ 시각선

6

장점	단점	흥미로운 점
• 글을 몰라도 시간을 알 수 있다.	• 해가 있을 때만 볼 수 있다. • 크기가 커 보인다.	• 세종대왕 시절에 만들어졌다. • 그림자를 통해 시간을 알 수 있다.

69 화폐는 돌고 돌아요

1

내가 알고 있는 것	알고 싶은 것
• 돈은 물건을 살 때 필요하다. • 돈에는 지폐와 동전이 있다. • 은행에 돈을 맡기면 이자를 준다.	• 돈을 많이 버는 방법 • 세상에서 돈이 가장 많은 사람 • 돈은 누가 만드는지

3 (1) 투자는 경제 활동의 한 종류이다.

(2) ①

4

필요한 화폐의 양을 알려 줌	한국은행
↓	
필요한 양만큼 화폐를 만들어 냄	한국조폐공사
↓	
한국은행으로 보냄	한국조폐공사
↓	
은행에 빌려주거나 보관함	한국은행

5

일반 은행	한국은행에서 빌려 온 화폐를 사람들에게 빌려준다.
사람	빌린 돈으로 투자를 하거나 소비를 한다.

6

알게 된 것	더 알고 싶은 것
• 동전과 종이돈을 화폐라고 한다. • 한국조폐공사에서 돈을 만든다. • 돈은 돌고 돈다.	• 왜 돈이라고 하지 않고 화폐라고 부를까? • 필요한 화폐의 양은 어떻게 정할까? • 화폐가 돌고 돌지 않으면 안될까?

70 모네의 발자취를 따라

1 극사실주의 작품은 있는 그대로를 그린 그림이라면, 인상주의는 조금 더 느낌에 가깝게 표현한 것 같다.

3 ②

4 ②

5 X, O, X, O, X, O

71 하늘이 파란 이유

1

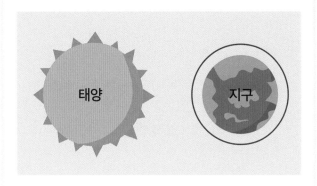

3

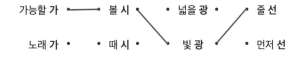

4 ②

5

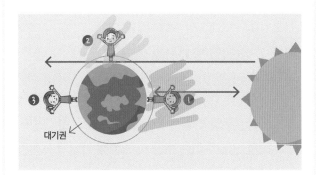

6 (1) 검은색
(2) ③번은 태양이 반대편에 있다. 태양의 반대편에 있으면 빛이 보이지 않으므로 밤이 되고 어둡기 때문에 하늘은 검은색으로 보인다.

72 문화재, 개방이냐 보호냐?

3 (2) 무언가를 못하게 함
(3) 지문에서 나쁜 짓을 해도 제재할 방법이 없다고 했는데, 보통 나쁜 짓은 못하게 하기 때문이다.

4 (1) ②
(2)

> **2문단** 숭례문은 사람들에게 자유롭게 개방²되어 있었습니다. ✓게다가 비용을 아끼려고 밤에는 경비원을 두지 않고 무인 경비 시스템만 설치했다고 합니다. 결과적으로 누구나 쉽게 숭례문에 접근할 수 있었고, 이런 나쁜 짓을 해도 ➊제재할 방법이 없었던 겁니다.

5 ②

6 나는 문화재를 개방하지 않아야 한다고 생각합니다. 문화재는 우리 역사를 담고 있는 소중한 물건입니다. 하지만 문화재를 소중히 여기지 않는 사람들이 있습니다. 그들로부터 문화재를 보호하려면 개방하지 않는 것이 더 좋다고 생각합니다.

73 전자레인지의 작동 원리

2

3 ③

4

장점	단점
• 안전하다	• 물기가 없는 음식물은 데울 수 없다
• 사용법이 간단하다	• 은박지나 금속을 넣을 경우 불이 날 수 있다
• 거의 모든 그릇을 사용할 수 있고, 거의 모든 음식을 데울 수 있다	• 물기가 없는 음식은 데울 수 없다

5 (1) 2, 1
(2) 3, 4, 전자레인지 사용 시 주의점

6 전자레인지 안에서는 마이크로파가 나온다. 마이크로파는 음식물 안의 물 분자를 움직여 열을 내게 한다. 전자레인지를 사용할 때는 금속을 사용하면 안된다. 금속을 사용하면 불이 나거나 폭발할 수 있기 때문이다.

74 게임 중독을 막기 위한 제도

3 자유롭게 행동할 수 있는 권리
차별받지 않고 다른 사람과 평등할 권리
투표할 수 있는 권리

4 ① 청소년의 자유로운 결정권을 무시하고 있다
② 청소년이 법을 어기도록 부추기고 있다

5 ③

6 게임 중독을 막기 위해서는 다른 놀거리를 많이 제공해 주어야 한다고 생각합니다. 지금 도시에는 학생들이 놀만한 공간이 많이 없습니다. 학생들이 모여 놀고 운동할 수 있는 공간을 많이 생긴다면 게임 중독은 점차 줄어들 것입니다.

75 다양한 만화의 세계

1 내가 가장 좋아하는 만화는 흔한 남매입니다. 왜냐하면 두 남매가 하는 행동과 말이 너무 웃기기 때문입니다. 또, 만화를 통해 유익한 정보도 많이 얻을 수 있어서 좋습니다.

2 만화, 카툰, 만화책, 웹툰, 만화영화

3 (2) 무언가를 넣어
(3) ①

4
(1)

1문단	2문단	3문단	4문단	5문단
만화	카툰	만화책	웹툰	만화영화

(2)
만화

카툰	만화책	웹툰	만화영화

5 ③

6 위 만화는 카툰입니다.
왜냐하면 두 컷으로 이루어진 짧은 만화이기 때문입니다.

76 기후 변화 협약의 한계

1 진실, 거짓, 거짓

2 1문단 - 기후변화 협약은 온실가스 배출량을 줄여 지구가 더워지는 것을 막기 위해 만든 나라 간의 약속이에요.
2문단 - 기후협약에 강제성이 없어 약속을 지키지 않아도 벌을 줄 수 없기 때문이에요.
3문단 - 이제는 적극적으로 지구온난화를 막을 수 있는 효과적인 온실가스 감축 정책이 필요해요.

3

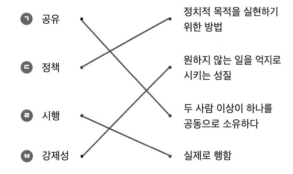

4 ④

5 ④

6 온실가스 배출을 줄이기 위해 국가별로 더 강력한 협약을 맺어야 한다. 그리고 각 나라의 국민은 대중교통을 이용하고, 분리수거를 잘 하는 등 환경을 지키기 위해 노력해야 한다.

77 특별시와 광역시

1

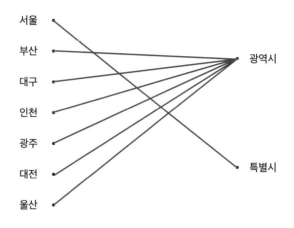

3 (3) 노력이 실패로 돌아가다.

(4) 특별시로 만들려는 노력이 있었지만 무산되어 지금은 서울만이 특별시라고 했기 때문에

4

특별시	• 하나밖에 없는 수도 서울을 더 잘 운영하기 위해 지정 • 다른 도시를 특별시로 지정하려 했지만 모두 무산 • 서울특별시 하나만 있음
광역시	• 특별시 다음 크기의 행정 구역 • 인구 백만 명 정도 • 원래는 직할시라고 불렸음 • 부산, 대구, 인천, 광주, 대전, 울산이 있음

5 (1) O (2) X (3) X (4) X

6

| 문장 | 우리나라에는 서울, 부산, 대전처럼 큰 도시가 여럿 있어요. |

| 질문 | • 여럿 있다면 몇 개나 있을까? |

• 다른 나라에는 큰 도시가 몇 개 있을까?

• 서울, 부산, 대구 말고 큰 도시는 또 무엇이 있을까?

| 문장 | 여러 다른 지역을 특별시로 바꾸려는 노력이 있었지만 모두 무산됐어요. |

| 질문 | • 어떤 지역을 특별시로 바꾸려고 했을까? |

• 특별시로 바꾸려는 이유는 무엇일까?

• 특별시로 바꾸려는 노력이 무산된 이유는 무엇일까?

---

78 핸드폰을 잃어버렸을 때는

2 1문단 - 원격 제어 서비스

2문단 - 분실 신고

3문단 - 핸드폰 메아리 서비스

4문단 - 위치 추적 기능

5문단 - 원격 제어 기능

3 (3) 물건이 어질러져 있어서 잃어버리다

(4) • 가방을 분실하다

• 돈을 분실하다

• 주운 물건을 분실물 보관함에 넣다

4 ②, ⑤

5

핸드폰을 잃어버리기 전	미리 분실에 대비한다.
핸드폰을 잃어버렸다면	분실 신고를 한다.
	핸드폰 메아리 서비스를 이용한다.
	위치 추적 기능을 이용한다.
	원격 제어 기능을 이용한다.

6 ②

---

79 화산섬, 제주도

3

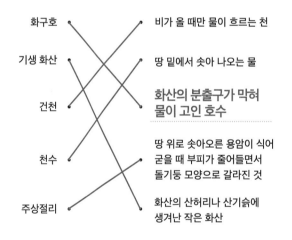

4 (3)

㉠ 기생 화산

㉡ 대부분의 하천이 비가 올 때만 물이 흐르는 건천이며 거리도 짧다

5 ① 화산섬 ② 화산 분출 ③ 용천수 ④ 해안선

6

장점	단점	흥미로운 점
이색적인 풍경 가장 좋아하는 여행지	하천의 발달이 어렵다. 물이 필요한 논농사는 짓기 어렵다.	대부분의 하천은 비가 오지 않으면 마른다. 용천수가 솟는 지역 주변에 마을이 생긴다.

80 우리의 정서를 담은 노래, 민요

4

민요

통속 민요	토속 민요	전래 동요
• 짜임새가 있고 세련되었다 • 전문적으로 노래 하는 소리꾼들이 많이 불렀다	• 일을 하며 부르던 노래다 • 그 지역 분위기와 생활을 잘 담고 있다	• 어린이들이 주로 불렀다 • 노랫말이 여러 번 반복되고 길이도 짧은 편이다

5 ④

6

	민요 제목	민요 종류
1	아리랑	통속 민요
2	강강술래	통속 민요
3	멸치 후리는 노래	토속 민요
4	실구대 소리	전래 동요

81 맛 좀 볼래?

1

신맛	레몬, 식초
쓴맛	라면, 해물찜
매운맛	사탕, 초콜렛
단맛	한약, 씀바귀
짠맛	소금, 조미김

4 맛 중에는 감칠맛도 있어요.
감칠맛은 주로 고기나 해산물을 삶은 육수나 치즈 등에서 느낄 수 있어요.

5 ④

6 감칠맛은 어떤 음식에서 많이 날까?
사람들이 가장 좋아하는 맛은 무엇일까?
세상에서 가장 맛있는 음식은 무엇일까?

82 바보 의사 장기려

3

단어	나의 설명
외과 수술	칼로 잘라서 하는 수술
의료 보험	아플 때 적은 돈으로 치료받을 수 있도록 하는 것
재혼	이혼을 했다가 다른 사람과 다시 결혼함

단어	뜻
외과 수술	의료 기구를 이용하여 피부나 점막을 자르고 시행하는 치료 행위
의료 보험	상해나 질병에 대하여 의료의 보장 또는 의료비의 부담을 목적으로 하는 사회 보험
재혼	다시 결혼함

4
- 6·25 전쟁이 일어나자 둘째 아들과 북에서 남으로 내려왔어요.
- 피난민으로 가득한 부산에서 천막을 치고 복음병원을 세웠어요.
- 수술비가 없는 환자는 자신의 돈으로 수술해 주었어요.
- 더 이상 무료 진료를 할 수 없게 되자, 청십자 의료보험조합을 만들었어요.
- 아픈 환자들을 돌보다 1995년 성탄절에 세상을 떠났어요.

5 사람들은 부자가 되기 위해서 의사가 되려고 합니다. 하지만 장기려 박사는 정말 사람을 살리려고 의사가 되었습니다. 나도 돈이 아닌 진짜 사람의 생명을 중요시하는 의사가 되고 싶습니다.

83 신재생 에너지

3 (1) 새로운 것
(3) ②

4 ① 재생에너지
② 풍력, 태양열, 지열, 조류 에너지

5 ①

6 ③

84 어린이는 왜 일하지 못할까?

1 나는 커서 유명한 배우가 되고 싶다.

왜냐하면 배우가 되면 다양한 사람들의 삶을 살아 보는 경험을 할 수 있을 것 같기 때문이다.

3

2문단 우리나라 법에 따르면, 만 13세 이하 어린이들은 일을 할 수 없어요. 단, 예술 활동[1]을 하는 경우는 예외입니다. 만 13세 이상부터 만 15세 미만까지는 취직 인허증이 있으면 예술 분야에서 일할 수 있어요. 취직 인허증은 일하는 것을 허락한다는 증명서입니다. 하지만 일이 의무 교육[2]을 방해하지 않아야 하기 때문에 실제로 받기는 어렵다고 해요. 만 15세 이상이 되면 부모님의 동의를 받으면 일할 수 있어요. 만 18세 이상부터는 부모님의 동의가 없어도 일할 수 있지요.

4

나이	일을 할 수 있는 조건
만 13세 이하	일을 할 수 없지만, 예술 활동을 하는 경우는 예외이다.
만 13세 이상 부터 만 15세 미만	취직 인허증이 있으면 일할 수 있다.
만 15세 이상	부모님의 동의를 받으면 일할 수 있어요
만 18세 이상	부모님의 동의가 없어도 일할 수 있어요.

5 ②

6 어린이들이 장난을 많이 치기 때문입니다. 어른들은 어떤 일을 할 때 조심하고 집중합니다. 반면 아이들은 계속 장난을 치려고 합니다. 그러다 보니 실수가 많고 다치기 더 쉽습니다.

85 노래로 부르면 기억하기 쉬워요

2 ① 특징
② 노래

3

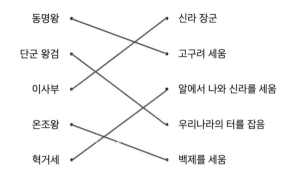

동명왕 · — · 신라 장군

단군 왕검 · — · 고구려 세움

이사부 · — · 알에서 나와 신라를 세움

온조왕 · — · 우리나라의 터를 잡음

혁거세 · — · 백제를 세움

4 ②

5

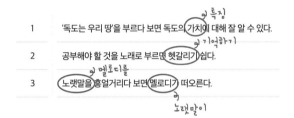

		⌒특징
1	'독도는 우리 땅'을 부르다 보면 독도의 (가치)에 대해 잘 알 수 있다.	
		⌒기억하기
2	공부해야 할 것을 노래로 부르면 (헷갈리기) 쉽다.	
		⌒멜로디를
3	(노랫말을) 흥얼거리다 보면 (멜로디가) 떠오른다.	
		⌒노랫말이

6 지민아.
외울 것이 있을 때는 노래로 만들어 불러 봐. 노랫말이 멜로디와 연결되면 기억하기 쉬워. 기억이 잘 나지 않을 때 멜로디를 흥얼거리다 보면 노랫말이 기억이 날 거야. 이 방법을 쓴다면 훨씬 쉽게 정보를 기억할 수 있어.

3

짝짓기
↓
수컷의 정자와 암컷의 난자가 만남

수정란이 생김
↓
수정란이 자람
↓
새끼가 됨

4

유정란
↓

유	정	란
↓	↓	↓
있을	정자	알

↓
정자가 있어 생긴 알

5 ㅂ

86 마트에서 산 달걀에서 병아리가 나올까?

2 1문단 - 하지만
2문단 - 반면
3문단 - 이처럼
4문단 - 그래서, 왜냐하면

87 아기가 태어났어요

3

남자
아기
금줄

여자
아기
금줄

4 ㉠ 신생아실

㉡ 다른 사람으로 인해 아기가 전염되는 것을 막기 위해

5 전달, 전파

6 ②

88 탄소 발자국을 줄이면 지구가 살아나요

2

> **3문단** 우선 ❶전기나 석유 같은 자원 사용량을 줄여야 해요. 전기 사용량을 줄이기 위해서는 ❷쓰지 않는 전기 제품은 바로바로 끄는 게 좋아요. ❸에어컨 대신 선풍기처럼 전기 사용량이 적은 제품을 쓰는 방법도 있습니다. 석유 사용량을 줄이기 위해서는 ❹가까운 거리는 자가용 대신 걷거나 자전거를 탈 수 있습니다. ❺먼 거리라면 지하철이나 버스 같은 대중교통을 이용할 수도 있고요.

> **4문단** ❻탄소를 덜 배출하는 식재료를 선택하는 방법도 있습니다. 먼저 ❼고기를 적게 먹는 게 좋습니다. 야채 섭취량을 늘린다면 동물을 기르는 과정에서 발생하는 탄소를 줄일 수 있어요. 외국 식품이나 냉동식품보다 ❽우리 지역의 제철 농산물을 먹는 것도 하나의 방법입니다. 수입한 식재료는 외국에서 오는 동안 그리고 냉동식품을 보관하는 동안 탄소를 많이 배출하게 되기 때문입니다.

3

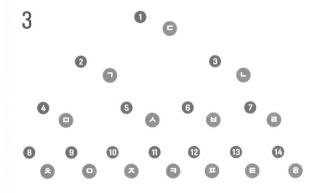

4 ⑤

5

(1) 전기 사용을 줄이는 것

(2) 우리가 생활에서 가장 많이 사용하는 것이 전기이기 때문

(3) 전기 사용량을 줄여야 합니다. 그렇지 않으면 탄소 발자국을 줄이기 힘듭니다. 우리가 생활에서 가장 많이 사용하는 것이 바로 전기입니다. TV를 보고 전등을 켜고 스마트폰을 사용하지요. 불필요한 전기 사용량을 줄인다면 우리 지구를 더 깨끗하게 보존할 수 있을 것입니다.

89 말랄라 유사프자이

1 진실, 진실, 거짓

3 어떤 집단 안에서 가장 어린 나이

4 ④

5 ① 탈레반 ② 연재 ③ 여성 교육 운동

6 사람은 모두 소중합니다. 남자와 여자 모두 똑같이 소중합니다. 남자가 교육을 받을 수 있다면 여자도 교육을 받을 수 있어야 합니다. 여자만 교육을 받지 못하게 하는 것은 차별입니다. 이런 차별이 없도록 우리 모두 힘을 합쳐야 합니다.

90 사리 입은 수녀, 마더 테레사

2
1928년 18살
1946년 36살
1952년 42살
1955년 45살
1979년 69살
1997년 87살

3
가명 - 가짜 이름
죄명 - 죄의 이름

4

단어	책에서 찾은 표현		나의 표현
사리	인도의 전통 의상	→	인도에서 예전부터 입던 옷
수녀	가톨릭에 소속되어 결혼하지 않고 수도하는 여자	→	카톨릭을 믿어 결혼하지 않고 종교 생활을 하는 여자
마더 테레사	일생을 어려운 이들을 위해 봉사한 수녀	→	인도에서 고통받는 자를 위해 평생 동안 봉사한 수녀

5

연도(년)	나이(세)	한 일
1910	0	북마케도니아의 스코페에서 태어남
1928	18	수녀회에 들어가 테레사라는 이름을 받음
1946	36	기차 안에서 가난한 사람을 돌보라는 신의 목소리를 들음
1952	42	'죽어가는 사람들의 집'을 만들어 죽음이 다가온 사람들을 돌봄
1955	45	'버려진 아이들의 집'을 지어 고아들을 보살핌
1979	69	노벨 평화상을 받고 상금은 모두 가난한 사람을 위해 씀
1997	87	세상을 떠남

6

의견	근거
수녀원에서는 본명 이외 다른 이름을 쓴다.	수녀회에 들어가 테레사라는 이름을 받았다.
테레사 수녀는 겸손한 태도로 살았다.	가장 낮고 가난한 여자들이 입는 흰 사리를 입었다.
테레사 수녀는 돈에 욕심이 없다.	노벨 평화상 상금을 모두 가난한 사람을 위해 썼다.
묵묵히 올바르게 행동하면 사람들은 결국 믿어주기 마련이다.	힌두교도들과 인도 정부조차 테레사 수녀를 인정하게 되었다.

조선의 해시계, 앙부일구

1문단   앙부일구는 조선 세종 16년(1434)에 장영실, 이천, 김조 등이 만든 해시계예요. 세종은 앙부일구가 완성되자마자 종로의 혜정교와 종묘 앞에 설치[1]해서 많은 사람이 볼 수 있도록 했어요. 당시 농사를 짓는 일반 백성에게는 1년 중 태양의 움직임을 알려 주는 춘분, 청명 등의 절기[2]가 매우 중요했어요. 하지만 대부분의 백성이 한자를 잘 몰랐지요. 세종은 이런 점을 잘 알고 있었어요. 그래서 시간과 함께 절기를 알 수 있는 절기선을 넣고, 눈금 위에 각 시를 ㉠상징[3]하는 동물 모양을 그려 넣어 글을 모르는 사람도 쉽게 시간을 알 수 있도록 했어요.

2문단 ## 앙부일구 읽는 법

1. 영침의 그림자가 닿는 곳을 보고 가로줄인 절기선을 따라가요. 여름에는 왼쪽의 절기선을, 겨울에는 오른쪽의 절기선을 읽으면 당시의 절기가 무엇인지 알 수 있어요.

2. 영침의 그림자가 닿는 곳을 보고 세로줄인 시각선을 따라가요. 시각선마다 12간지가 표시되어 있어요. 시각선과 시각선 사이에는 8개의 선이 그어져 있는데, 이 선 하나가 15분을 뜻해요. 예를 들어, 영침의 끝이 신시 3각에 닿아 있다면 몇시일까요? 신시는 3시, 3각은 15분이 3번 지나간 것이니 45분, 즉 3시 45분이 되는 거예요.

주목할 어휘 1 **설치** | 어떤 시설을 사용할 수 있도록 마련해 둠
2 **절기** | 한 해를 스물넷으로 나누어 계절의 표준이 되는 것
3 **상징** | 눈에 보이지 않는 것을 눈에 보이도록 대신 나타내 주는 것